VORWORT

Die Sammlung "Alles wird gut!" von T&P Books ist für Menschen, die für Tourismus und Geschäftsreisen ins Ausland reisen. Die Sprachführer beinhalten, was am wichtigsten ist - die Grundlagen für eine grundlegende Kommunikation. Dies ist eine unverzichtbare Reihe von Sätzen um zu "überleben", während Sie im Ausland sind.

Dieser Sprachführer wird Ihnen in den meisten Fällen helfen, in denen Sie etwas fragen müssen, Richtungsangaben benötigen, wissen wollen wie viel etwas kostet usw. Es kann auch schwierige Kommunikationssituationen lösen, bei denen Gesten einfach nicht hilfreich sind.

Dieses Buch beinhaltet viele Sätze, die nach den wichtigsten Themen gruppiert wurden. Die Ausgabe enthält auch einen kleinen Wortschatz, der etwa 3.000 der am häufigsten verwendeten Wörter enthält. Ein weiterer Abschnitt des Sprachführers bietet ein gastronomisches Wörterbuch, das Ihnen helfen könnte, Essen in einem Restaurant zu bestellen oder Lebensmittel in einem Lebensmittelladen zu kaufen.

Nehmen Sie den "Alles wird gut" Sprachführer mit Ihnen auf die Reise und Sie werden einen unersetzlichen Begleiter haben, der Ihnen helfen wird, Ihren Weg aus jeder Situation zu finden und Ihnen beibringen wird keine Angst beim Sprechen mit Ausländern zu haben.

INHALTSVERZEICHNIS

T&P Books Publishing

Reisesprachführersammlung
"Alles wird gut!"

T&P Books Publishing

SPRACHFÜHRER
- ARMENISCH -

Andrey Taranov

Die nützlichsten Wörter und Sätze

Dieser Sprachführer beinhaltet die häufigsten Sätze und Fragen, die für die grundlegende Kommunikation mit Ausländern benötigt wird

T&P BOOKS

Sprachführer + Wörterbuch mit 3000 Wörtern

Sprachführer Deutsch-Armenisch und thematischer Wortschatz mit 3000 Wörtern

Von Andrey Taranov

Die Sammlung "Alles wird gut!" von T&P Books ist für Menschen, die für Tourismus und Geschäftsreisen ins Ausland reisen. Die Sprachführer beinhalten, was am wichtigsten ist - die Grundlagen für eine grundlegende Kommunikation. Dies ist eine unverzichtbare Reihe von Sätzen um zu "überleben", während Sie im Ausland sind.

Dieses Buch beinhaltet auch ein kleines Vokabular mit etwa 3000, am häufigsten verwendeten Wörtern. Ein weiterer Abschnitt des Sprachführers bietet ein gastronomisches Wörterbuch, das Ihnen helfen kann, Essen in einem Restaurant zu bestellen oder Lebensmittel im Lebensmittelladen zu kaufen.

T&P Books Publishing
www.tpbooks.com

ISBN: 978-1-78492-511-6

Dieses Buch ist auch im E-Book Format erhältlich.
Besuchen Sie uns auch auf www.tpbooks.com oder auf einer der bedeutenden Buchhandlungen online.

AUSSPRACHE

T&P phonetisches Alphabet	Armenisch Beispiel	Deutsch Beispiel
[a]	ճանաչել [čanačél]	schwarz
[ə]	փախստալ [pʰəspʰəsál]	halte
[e]	հեկտար [hektár]	Pferde
[ē]	էկրան [ēkrán]	essen
[i]	ֆիզիկոս [fizikós]	ihr, finden
[o]	շոկոլադ [šokolád]	orange
[u]	հույնուհի [hujnuhí]	kurz
[b]	բամբակ [bambák]	Brille
[d]	դադար [dadár]	Detektiv
[f]	ֆաբրիկա [fábrika]	fünf
[g]	գանգ [gang]	gelb
[j]	ղջույմ [djujm]	Jacke
[h]	հայուհի [hajuhí]	brauchbar
[x]	խախտել [χaχtél]	billig
[k]	կոճակ [kočák]	Kalender
[l]	փլվել [pʰlvel]	Juli
[m]	մտածել [mtatsél]	Mitte
[t]	տակսի [taksí]	still
[n]	նրանք [nrankʰ]	nicht
[r]	լար [lar]	richtig
[p]	պոմպ [pomp]	Polizei
[ġ]	տղամարդ [tġamárd]	uvulare Vibrant [R]
[s]	սոուս [soús]	sein
[ts]	ծանոթ [tsanótʰ]	Gesetz
[v]	ոստիկան [vostikán]	November
[z]	զանգ [zang]	sein
[kʰ]	երեք [erékʰ]	Flughafen
[pʰ]	փրկել [pʰrkel]	Abhang
[tʰ]	թատրոն [tʰatrón]	Mädchen
[tsʰ]	ակնոց [aknótsʰ]	Staatshymne
[ʒ]	ժամանակ [ʒamanák]	Regisseur
[dz]	օձիք [odzíkʰ]	Nordsee
[dʒ]	հաջող [hadʒóġ]	Kambodscha
[č]	վիճել [vičél]	Matsch

5

T&P phonetisches Alphabet	Armenisch Beispiel	Deutsch Beispiel
[š]	շահույթ [šahújtʰ]	Chance
[']	բամակ [baʒák]	Hauptbetonung

LISTE DER ABKÜRZUNGEN

Deutsch. Abkürzungen

Adj	-	Adjektiv
Adv	-	Adverb
Amtsspr.	-	Amtssprache
f	-	Femininum
f, n	-	Femininum, Neutrum
Fem.	-	Femininum
m	-	Maskulinum
m, f	-	Maskulinum, Femininum
m, n	-	Maskulinum, Neutrum
Mask.	-	Maskulinum
n	-	Neutrum
pl	-	Plural
Sg.	-	Singular
ugs.	-	umgangssprachlich
unzähl.	-	unzählbar
usw.	-	und so weiter
v mod	-	Modalverb
vi	-	intransitives Verb
vi, vt	-	intransitives, transitives Verb
vt	-	transitives Verb
zähl.	-	zählbar
z.B.	-	zum Beispiel

Armenisch. Interpunktion

՜	-	Ausrufezeichen
՞	-	Fragezeichen
,	-	Komma

ARMENISCHER SPRACHFÜHRER

Dieser Teil beinhaltet wichtige Sätze, die sich in verschiedenen realen Situationen als nützlich erweisen können.
Der Sprachführer wird Ihnen dabei helfen nach dem Weg zu fragen, einen Preis zu klären, Tickets zu kaufen und Essen in einem Restaurant zu bestellen.

T&P Books Publishing

INHALT SPRACHFÜHRER

T&P Books Publishing

Entschuldigen Sie bitte, ...

Ներեցէ՛ք, ...
[nerets^hék^h, ...]

Hallo.

Բարև Ձեզ:
[barév dzez]

Danke.

Շնորհակալություն:
[šnorhakalut^hjún]

Auf Wiedersehen.

Ցտեսություն:
[ts^htesut^hjún]

Ja.

Այո:
[ajó]

Nein.

Ոչ:
[voč]

Ich weiß nicht.

Ես չգիտեմ:
[es čgitém]

Wo? | Wohin? | Wann?

Ո՞րտեղ: | Ո՞ւր: | Ե՞րբ:
[vórteg? | ur? | erb?]

Ich brauche ...

Ինձ հարկավոր է ...
[indz harkavór e ...]

Ich möchte ...

Ես ուզում եմ ...
[es uzúm em ...]

Haben Sie ...?

Դուք ունե՞ք ...:
[duk^h unék^h ...?]

Gibt es hier ...?

Այստեղ կա՞ ...:
[ajstég ka ...?]

Kann ich ...?

Ես կարո՞ղ եմ ...:
[es karóg em ...?]

Bitte (anfragen)

Խնդրում եմ
[xndrum em]

Ich suche ...

Ես փնտրում եմ ...
[es p^hntrum em ...]

die Toilette

զուգարան
[zugarán]

den Geldautomat

բանկոմատ
[bankomát]

die Apotheke

դեղատուն
[degatún]

das Krankenhaus

հիվանդանոց
[hivandanóts^h]

die Polizeistation

ոստիկանության բաժանմունք
[vostikanut^hján bažanmúnk^h]

die U-Bahn

մետրո
[metró]

das Taxi	տաքսի [tak⁵si]
den Bahnhof	կայարան [kajaràn]
Ich heiße …	Իմ անունը … է: [im anúnə … ē]
Wie heißen Sie?	Ձեր անունն ի՞նչ է: [dzer anúnn inč̣ ē?]
Helfen Sie mir bitte.	Օգնեցեք ինձ, խնդրեմ: [ognetsʰékʰ indz, χndrem]
Ich habe ein Problem.	Ես խնդիր ունեմ: [es χndir uném]
Mir ist schlecht.	Ես ինձ վատ եմ զգում: [es indz vat em zgum]
Rufen Sie einen Krankenwagen!	Շտապ օգնություն կանչեք: [štap ognutʰjún kančékʰ]
Darf ich telefonieren?	Կարո՞ղ եմ զանգահարել: [karóġ em zangaharél?]
Entschuldigung.	Ներեցեք [neretsʰékʰ]
Keine Ursache.	Խնդրեմ [χndrem]
ich	Ես [es]
du	դու [du]
er	նա [na]
sie	նա [na]
sie (Pl, Mask.)	նրանք [nrankʰ]
sie (Pl, Fem.)	նրանք [nrankʰ]
wir	մենք [menkʰ]
ihr	դուք [dukʰ]
Sie	Դուք [nrankʰ]
EINGANG	ՄՈՒՏՔ [mutkʰ]
AUSGANG	ԵԼՔ [elkʰ]
AUßER BETRIEB	ՉԻ ԱՇԽԱՏՈՒՄ [či ašχatúm]
GESCHLOSSEN	ՓԱԿ Է [pʰak ē]

OFFEN   ԲԱՑ Է
                        [batsʰ ē]

FÜR DAMEN   ԿԱՆԱՆՑ ՀԱՄԱՐ
                        [kanántsʰ hamár]

FÜR HERREN   ՏՂԱՄԱՐԴԿԱՆՑ ՀԱՄԱՐ
                        [tġamardkántsʰ hamár]

Fragen

Wo?	Որտե՞ղ: [vortég?]
Wohin?	Ո՞ւր: [ur?]
Woher?	Որտեղի՞ց: [vorteginʰ?]
Warum?	Ինչու՞: [inčú?]
Wozu?	Ինչի՞ համար: [inčí hamar?]
Wann?	Ե՞րբ: [erb?]
Wie lange?	Ինչքա՞ն ժամանակ: [inčkʰán ʒamanák?]
Um wie viel Uhr?	Ժամը քանիսի՞ն: [ʒámə kʰanisín?]
Wie viel?	Ի՞նչ արժե: [inč arʒé?]
Haben Sie ...?	Դուք ունե՞ք ...: [dukʰ unékʰ ...?]
Wo befindet sich ...?	Որտե՞ղ է գտնվում ...: [vortég é gtnvum ...?]
Wie spät ist es?	Ժամը քանի՞սն է: [ʒámə kʰanisn ē?]
Darf ich telefonieren?	Կարո՞ղ եմ զանգահարել: [karóg em zangaharél?]
Wer ist da?	Ո՞վ է: [ov ē?]
Darf ich hier rauchen?	Կարո՞ղ եմ այստեղ ծխել: [karóg em ajstég tsχel?]
Darf ich ...?	Ես կարո՞ղ եմ ...: [es karóg em ...?]

Bedürfnisse

Ich hätte gerne …	Ես կուզենայի … [es kuzenají …]
Ich will nicht …	Ես չեմ ուզում … [es čem uzúm …]
Ich habe Durst.	Ես ծարավ եմ: [es tsaráv em]
Ich möchte schlafen.	Ես ուզում եմ քնել: [es uzúm em kʰnel]

Ich möchte …	Ես ուզում եմ … [es uzúm em …]
abwaschen	լվացվել [lvatsʰvél]
mir die Zähne putzen	ատամներս մաքրել [atamnérs makʰrél]
eine Weile ausruhen	մի քիչ հանգստանալ [mi kʰič hangstanál]
meine Kleidung wechseln	շորերս փոխել [šorérs pʰoxél]

zurück ins Hotel gehen	վերադառնալ հյուրանոց [veradarnál hjuranótsʰ]
kaufen …	գնել … [gnel …]
gehen …	գնալ … [gnal …]
besuchen …	այցելել … [ajtsʰelél …]
treffen …	հանդիպել … հետ [handipél … het]
einen Anruf tätigen	զանգահարել [zangaharél]

Ich bin müde.	Ես հոգնել եմ: [es hognél em]
Wir sind müde.	Մենք հոգնել ենք: [menk hognél enkʰ]
Mir ist kalt.	Ես մրսում եմ: [es mrsum em]
Mir ist heiß.	Ես շոգում եմ: [es šogúm em]
Mir passt es.	Ես լավ եմ: [es lav em]

Ich muss telefonieren.	Ես պետք է զանգահարեմ: [es petkʰ ē zangaharém]
Ich muss auf die Toilette.	Ես զուգարան եմ ուզում: [es zugarán em uzúm]
Ich muss gehen.	Գնալու ժամանակն է: [gnalús ʒamanákn ē]
Ich muss jetzt gehen.	Ես պետք է գնամ: [es petkʰ ē gnam]

Wie man nach dem Weg fragt

Entschuldigen Sie bitte, …
Ներեցեք, …
[neretsʰékʰ, …]

Wo befindet sich …?
Որտե՞ղ է գտնվում …
[vortég ē gtnvum …?]

Welcher Weg ist …?
Ո՞ր ուղղությամբ է գտնվում …
[vor uǵǵutʰjámb ē gtnvum …?]

Könnten Sie mir bitte helfen?
Օգնեցեք ինձ, խնդրեմ:
[ognetsʰékʰ indz, χndrem]

Ich suche …
Ես փնտրում եմ …
[es pʰntrum em …]

Ich suche den Ausgang.
Ես փնտրում եմ ելքը:
[es pʰntrum em élkʰə]

Ich fahre nach …
Ես գնում եմ …
[es gnum em …]

Gehe ich richtig nach …?
Ես ճի՞շտ եմ գնում …:
[es čišt em gnum …?]

Ist es weit?
Դա հեռո՞ւ է:
[da hērú ē?]

Kann ich dort zu Fuß hingehen?
Ես կհասնե՞մ այնտեղ ոտքով:
[es khasném ajntég votkʰóv?]

Können Sie es mir auf der Karte zeigen?
Ցույց տվեք ինձ քարտեզի վրա, խնդրում եմ:
[tsʰujtsʰ tvekʰ indz kartezí vra, χndrum em]

Zeigen Sie mir wo wir gerade sind.
Ցույց տվեք՝ որտեղ ենք մենք հիմա:
[tsʰujtsʰ tvekʰ, vortég enkʰ menkʰ himá]

Hier
Այստեղ
[ajstég]

Dort
Այնտեղ
[ajntég]

Hierher
Այստեղ
[ajstég]

Biegen Sie rechts ab.
Թեքվեք աջ:
[tʰekvékʰ ač]

Biegen Sie links ab.
Թեքվեք ձախ:
[tʰekvékʰ dzaχ]

erste (zweite, dritte) Abzweigung
առաջին (երկրորդ, երրորդ) շրջադարձ
[aračín (erkrórd, errórd) šrdʒadárts]

nach rechts
դեպի աջ
[depi ač]

nach links

 դեպի ձախ
[depi dzaχ]

Laufen Sie geradeaus.

Գնացեք ուղիղ:
[gnatsʰékʰ ugíg]

Schilder

HERZLICH WILLKOMMEN!
ԲԱՐԻ՛ ԳԱԼՈՒՍՏ:
[barí galúst!]

EINGANG
ՄՈՒՏՔ
[mutkʰ]

AUSGANG
ԵԼՔ
[elkʰ]

DRÜCKEN
ԴԵՊԻ ՆԵՐՍ
[depí ners]

ZIEHEN
ԴԵՊԻ ԴՈՒՐՍ
[depí durs]

OFFEN
ԲԱՑ Է
[batsʰ ē]

GESCHLOSSEN
ՓԱԿ Է
[pʰak ē]

FÜR DAMEN
ԿԱՆԱՆՑ ՀԱՄԱՐ
[kanántsʰ hamár]

FÜR HERREN
ՏՂԱՄԱՐԴԿԱՆՑ ՀԱՄԱՐ
[tġamardkántsʰ hamár]

HERREN-WC
ՏՂԱՄԱՐԴԿԱՆՑ ԶՈՒԳԱՐԱՆ
[tġamardkántsʰ zugarán]

DAMEN-WC
ԿԱՆԱՆՑ ԶՈՒԳԱՐԱՆ
[kanántsʰ zugarán]

RABATT | REDUZIERT
ԶԵՂՉ
[zeġč]

AUSVERKAUF
ԻՊԱՌ ՎԱՃԱՌՔ
[ispár vačárkʰ]

GRATIS
ԱՆՎՃԱՐ
[anvčár]

NEU!
ՆՈՐՈ՛ՒՅԹ
[norújtʰ]

ACHTUNG!
ՈՒՇԱԴՐՈՒԹՅՈ՛ՒՆ
[ušadrutʰjún]

KEINE ZIMMER FREI
ԱԶԱՏ ՀԱՄԱՐՆԵՐ ՉԿԱՆ
[azát hamarnér čkan]

RESERVIERT
ՊԱՏՎԻՐՎԱԾ Է
[patvirváts ē]

VERWALTUNG
ԱԴՄԻՆԻՍՏՐԱՑԻԱ
[administratsʰiá]

NUR FÜR PERSONAL
ՄԻԱՅՆ ԱՆՁՆԱԿԱԶՄԻ ՀԱՄԱՐ
[miájn andznakazmí hamár]

BISSIGER HUND	ԿԱՏԱՂԱԾ ՇՈՒՆ
	[kataģáts šun]
RAUCHEN VERBOTEN!	ՉԾԽԵ՛Լ
	[čtsχel]
NICHT ANFASSEN!	ՁԵՌՔԵՐՈՎ ՉԴԻՊՉԵԼ
	[dzerkʰeróv čdipčél]
GEFÄHRLICH	ՎՏԱՆԳԱՎՈՐ Է
	[vtangavór ē]
GEFAHR	ՎՏԱՆԳ
	[vtang]
HOCHSPANNUNG	ԲԱՐՁՐ ԼԱՐՈՒՄ
	[bartsr larúm]
BADEN VERBOTEN	ԼՈՂԱԼՆ ԱՐԳԵԼՎՈՒՄ Է
	[loģáln argelvúm ē]
AUßER BETRIEB	ՉԻ ԱՇԽԱՏՈՒՄ
	[či ašχatúm]
LEICHTENTZÜNDLICH	ԴՅՈՒՐԱՎԱՌ Է
	[djuravár ē]
VERBOTEN	ԱՐԳԵԼՎԱԾ Է
	[argelváts ē]
DURCHGANG VERBOTEN	ՄՈՒՏՔՆ ԱՐԳԵԼՎԱԾ Է
	[mutkʰn argelváts ē]
FRISCH GESTRICHEN	ՆԵՐԿՎԱԾ Է
	[nerkváts ē]
WEGEN RENOVIERUNG GESCHLOSSEN	ՓԱԿՎԱԾ Է ՎԵՐԱՆՈՐՈԳՄԱՆ
	[pʰakváts ē veranorogmán]
ACHTUNG BAUARBEITEN	ՎԵՐԱՆՈՐՈԳՄԱՆ ԱՇԽԱՏԱՆՔՆԵՐ
	[veranorogmán ašχatankʰnér]
UMLEITUNG	ՇՐՋԱՆՑՈՒՄ
	[šrdʒantsʰúm]

Transport - Allgemeine Phrasen

Flugzeug	ինքնաթիռ [inkʰnatʰír]
Zug	գնացք [gnatsʰkʰ]
Bus	ավտոբուս [avtobús]
Fähre	լաստանավ [lastanáv]
Taxi	տաքսի [takʰsí]
Auto	ավտոմեքենա [avtomekʰená]

Zeitplan	չվացուցակ [čvatsʰutsʰák]
Wo kann ich den Zeitplan sehen?	Որտե՞ղ կարելի է նայել չվացուցակը: [vortég karelí e najél čvatsʰutsʰákə?]
Arbeitstage	աշխատանքային օրեր [ašxatankʰajín orér]
Wochenenden	հանգստյան օրեր [hangstsján orér]
Ferien	տոնական օրեր [tonakán orér]

ABFLUG	ՄԵԿՆՈՒՄ [meknúm]
ANKUNFT	ԺԱՄԱՆՈՒՄ [ʒamanúm]
VERSPÄTET	ՈՒՇԱՑՈՒՄ [ušatsʰúm]
GESTRICHEN	ՉԵՂՅԱԼ [čeɢjál]

nächste (Zug, usw.)	հաջորդ [haʒórd]
erste	առաջին [aračín]
letzte	վերջին [verčín]

Wann kommt der Nächste ...?	Ե՞րբ է լինելու հաջորդ ...: [erb e linelú haʒórd ...?]
Wann kommt der Erste ...?	Ե՞րբ է մեկնում առաջին ...: [erb e meknúm aračín ...?]

Wann kommt der Letzte …?

Ե՞րբ է մեկնում վերջին …:
[erb ē meknúm verčin …?]

Transfer

նստափոխ
[nstapʰóχ]

einen Transfer machen

նստափոխ կատարել
[nstapʰóχ katarél]

Muss ich einen Transfer machen?

Ես պետք է նստափո՞խ կատարեմ:
[es petkʰ ē nstapʰóχ katarém?]

Eine Fahrkarte kaufen

Wo kann ich Fahrkarten kaufen?	Որտե՞ղ կարող եմ տոմսեր գնել: [vortég karóg em tomsér gnel?]
Fahrkarte	տոմս [toms]
Eine Fahrkarte kaufen	տոմս գնել [toms gnel]
Fahrkartenpreis	տոմսի արժեքը [tomsí arʒékʰə]
Wohin?	Ո՞ւր: [ur?]
Welche Station?	Մինչև ո՞ր կայարան: [minčév vor kajarán?]
Ich brauche …	Ինձ հարկավոր է … [indz harkavór e …]
eine Fahrkarte	մեկ տոմս [mek toms]
zwei Fahrkarten	երկու տոմս [erkú toms]
drei Fahrkarten	երեք տոմս [erékʰ toms]
in eine Richtung	մեկ ուղղությամբ [mek uggutʰjámb]
hin und zurück	վերադարձով [veradartsóv]
erste Klasse	առաջին դաս [aračín das]
zweite Klasse	երկրորդ դաս [erkrórd das]
heute	այսօր [ajsór]
morgen	վաղը [vágə]
übermorgen	վաղը չէ մյուս օրը [vágə čē mjus órə]
am Vormittag	առավոտյան [aravotján]
am Nachmittag	ցերեկը [tsʰerékə]
am Abend	երեկոյան [erekoján]

Gangplatz

տեղ միջանցքի մոտ
[teg midʒantshkʰí mot]

Fensterplatz

տեղ պատուհանի մոտ
[teg patuhaní mot]

Wie viel?

Ինչքա՞ն:
[inčkʰán?]

Kann ich mit Karte zahlen?

Կարո՞ղ եմ վճարել քարտով:
[karóg em včarél kʰartóv?]

Bus

Bus	ավտոբուս
	[avtobús]
Fernbus	միջքաղաքային ավտոբուս
	[midžkagakʰajin avtobús]
Bushaltestelle	ավտոբուսի կանգառ
	[avtobúsi kangár]
Wo ist die nächste Bushaltestelle?	Որտե՞ղ է մոտակա ավտոբուսի կանգառը:
	vortéǧ ē motaká avtobusí kangárə?]

Nummer	համար
	[hamár]
Welchen Bus nehme ich um nach ... zu kommen?	Ո՞ր ավտոբուսն է գնում մինչև ...:
	[vor avtobúsn ē gnúm minčév ...?]
Fährt dieser Bus nach ...?	Այս ավտոբուսը գնո՞ւմ է մինչև ...:
	[ajs avtobúsə gnúm ē minčév ...?]
Wie oft fahren die Busse?	Որքա՞ն հաճախ են երթևեկում ավտոբուսները:
	vorkʰán hačáx en ertevekúm avtobusnérə?]

alle fünfzehn Minuten	յուրաքանչյուր տասնհինգ րոպեն մեկ
	[jurakʰančjúr tasnhíng ropén mek]
jede halbe Stunde	յուրաքանչյուր կեսժամը մեկ
	[jurakʰančjúr kes žámə mek]
jede Stunde	յուրաքանչյուր ժամը մեկ
	[jurakʰančjúr žámə mek]
mehrmals täglich	օրեկան մի քանի անգամ
	[orekán mi kʰáni angám]
... Mal am Tag	օրեկան ... անգամ
	[orekán ... angám]

Zeitplan	չվացուցակ
	[čvatsʰutsʰák]
Wo kann ich den Zeitplan sehen?	Որտե՞ղ կարելի է նայել չվացուցակը:
	[vortéǧ karelí ē najél čvatsʰutsʰákə?]
Wann kommt der nächste Bus?	Ե՞րբ է լինելու հաջորդ ավտոբուսը:
	[erb ē linelú hadžórd avtobúsə?]
Wann kommt der erste Bus?	Ե՞րբ է մեկնում առաջին ավտոբուսը:
	[erb ē meknúm aračín avtobúsə?]
Wann kommt der letzte Bus?	Ե՞րբ է մեկնում վերջին ավտոբուսը:
	[erb ē meknúm verčín avtobúsə?]

Halt

կանգառ
[kangár]

Nächster Halt

հաջորդ կանգառ
[hadžórd kangár]

Letzter Halt

վերջին կանգառ
[verčin kangár]

Halten Sie hier bitte an.

Կանգնեք այստեղ, խնդրում եմ:
[kangnékʰ ajstég, χndrúm em]

Entschuldigen Sie mich,
dies ist meine Haltestelle.

Թույլ տվեք, սա իմ կանգառն է:
[tʰujl tvekʰ, sa im kangárn ē]

Zug

Zug	գնացք [gnats^hk^h]
S-Bahn	մերձքաղաքային գնացք [merdzkaġakajín gnats^hk^h]
Fernzug	հեռագնաց գնացք [heragnáts^h gnáts^hk^h]
Bahnhof	կայարան [kajarán]
Entschuldigen Sie bitte, wo ist der Ausgang zum Bahngleis?	Ներեցեք, որտե՞ղ է ելքը դեպի գնացքները։ nerets^hék^h, vortég ē élkə depí gnats^hk^hnérə?]
Fährt dieser Zug nach …?	Այս գնացքը գնու՞մ է մինչև …: [ajs gnáts^hk^hə gnum ē minčév …?]
nächste Zug	հաջորդ գնացքը [hadʒórd gnáts^hk^hə]
Wann kommt der nächste Zug?	Ե՞րբ է լինելու հաջորդ գնացքը։ [erb ē linelú hadʒórd gnáts^hk^hə?]
Wo kann ich den Zeitplan sehen?	Որտե՞ղ կարելի է նայել չվացուցակը։ [vortég karelí ē najél čvats^huts^hákə?]
Von welchem Bahngleis?	Ո՞ր հարթակից։ [vor hart^hakíts^h?]
Wann kommt der Zug in … an?	Ե՞րբ է գնացքը ժամանում …: [erb ē gnáts^hk^hə ʒamanúm …?]
Helfen Sie mir bitte.	Օգնեցեք ինձ, խնդրեմ։ [ognets^hék^h indz, χndrem]
Ich suche meinen Platz.	Ես փնտրում եմ իմ տեղը։ [es p^hntrum em im tégə]
Wir suchen unsere Plätze.	Մենք փնտրում ենք մեր տեղերը։ [menk^h p^hntrúm enk^h mer teġérə]
Unser Platz ist besetzt.	Իմ տեղը զբաղված է։ [im tégə zbaġváts ē]
Unsere Plätze sind besetzt.	Մեր տեղերը զբաղված են։ [mer teġérə zbaġváts en]
Entschuldigen Sie, aber das ist mein Platz.	Ներեցեք, խնդրում եմ, բայց սա իմ տեղն է։ nerets^hék^h, χndrum ēm, bajts^h sa im teġn ē]

Ist der Platz frei?

Այս տեղն ազա՞տ է։
[ajs teġn azát ē?]

Darf ich mich hier setzen?

Կարո՞ղ եմ այստեղ նստել։
[karóġ em ajstég nstel?]

Im Zug - Dialog (Keine Fahrkarte)

Fahrkarte bitte.

Ձեր տոմսը, խնդրեմ:
[dzer tómsə, χndrem]

Ich habe keine Fahrkarte.

Ես տոմս չունեմ:
[es toms čuném]

Ich habe meine Fahrkarte verloren.

Ես կորցրել եմ իմ տոմսը:
[es korts^hrél em im tómsə]

Ich habe meine Fahrkarte
zuhause vergessen.

Ես մոռացել եմ իմ տոմսը տանը:
[es morats^hél em im tómsə tánə]

Sie können von mir
eine Fahrkarte kaufen.

Դուք կարող եք գնել տոմս ինձանից:
[duk^h karóg ek^h gnel toms indzaníts^h]

Sie werden auch eine Strafe zahlen.

Նաև դուք պետք է վճարեք տուգանք:
[naév duk^h petk ē včarék^h tugánk^h]

Gut.

Լավ:
[lav]

Wohin fahren Sie?

Ո՞ւր եք մեկնում:
[ur ek^h meknúm?]

Ich fahre nach …

Ես գնում եմ մինչև …
[es gnum em minčév …]

Wie viel? Ich verstehe nicht.

Ինչքա՞ն: Ես չեմ հասկանում:
[inčk^hán? es čem haskanúm]

Schreiben Sie es bitte auf.

Գրեք, խնդրում եմ:
[grek^h, χndrum em]

Gut. Kann ich mit Karte zahlen?

Լավ: Կարո՞ղ եմ վճարել քարտով:
[lav karóg em včarél k^hartóv?]

Ja, das können Sie.

Այո, կարող եք:
[ajó, karóg ek^h]

Hier ist ihre Quittung.

Ահա ձեր անդորրագիրը:
[ahá dzer andorragírə]

Tut mir leid wegen der Strafe.

Ցավում եմ տուգանքի համար:
[ts^havúm em tugánk^hi hamár]

Das ist in Ordnung. Es ist meine Schuld.

Ոչինչ: Դա իմ մեղքն է:
[vočínč. da im megk^hn ē]

Genießen Sie Ihre Fahrt.

Հաճելի ճանապարհորդություն:
[hačelí čanaparhordut^hjún]

Taxi

Taxi	տաքսի [takʰsí]
Taxifahrer	տաքսու վարորդ [takʰsú varórd]
Ein Taxi nehmen	տաքսի բռնել [takʰsí brnel]
Taxistand	տաքսու կանգառ [takʰsú kangár]
Wo kann ich ein Taxi bekommen?	Որտե՞ղ կարող եմ տաքսի վերցնել: [vortég károg em takʰsí vertsʰnél?]
Ein Taxi rufen	տաքսի կանչել [takʰsí kančél]
Ich brauche ein Taxi.	Ինձ տաքսի է հարկավոր: [indz takʰsí ē harkavór]
Jetzt sofort.	Հենց հիմա: [hentsʰ híma]
Wie ist Ihre Adresse? (Standort)	Ձեր հասցե՞ն: [dzer hastsʰén?]
Meine Adresse ist …	Իմ հասցեն … [im hastsʰén …]
Ihr Ziel?	Ո՞ւր եք գնալու: [ur ekʰ gnalú?]
Entschuldigen Sie bitte, …	Ներեցեք, … [neretsʰékʰ, …]
Sind Sie frei?	Ազա՞տ եք: [azát ekʰ?]
Was kostet die Fahrt nach …?	Ի՞նչ արժե հասնել մինչև …: [inč aržé hasnél minčév …?]
Wissen Sie wo es ist?	Դուք գիտե՞ք որտեղ է դա: [dukʰ gitékʰ vortég ē da?]
Flughafen, bitte.	Օդանավակայան, խնդրում եմ: [odanavakaján, χndrum em]
Halten Sie hier bitte an.	Կանգնեցրեք այստեղ, խնդրում եմ: [kangnetsʰrékʰ ajstég, gndrum em]
Das ist nicht hier.	Դա այստեղ չէ: [da ajstég čē]
Das ist die falsche Adresse.	Դա սխալ հասցե է: [da sχal hastsʰé ē]
nach links	դեպի ձախ [depi dzaχ]
nach rechts	դեպի աջ [depi ač]

Was schulde ich Ihnen?	Որքա՞ն պետք է վճարեմ: [vorkʰán petkʰ ē včarém?]
Ich würde gerne ein Quittung haben, bitte.	Տվեք ինձ չեքը, խնդրում եմ: [tvekʰ indz čékʰə, χndrum em]
Stimmt so.	Մանրը պետք չէ: [mánrə petkʰ čē]

Warten Sie auf mich bitte	Սպասեք ինձ, խնդրում եմ: [spasékʰ indz, χndrum em]
fünf Minuten	հինգ րոպե [hing ropé]
zehn Minuten	տաս րոպե [tas ropé]
fünfzehn Minuten	տասնհինգ րոպե [tasnhíng ropé]
zwanzig Minuten	քսան րոպե [kʰsan ropé]
eine halbe Stunde	կես ժամ [kes ʒam]

Hotel

Guten Tag.	Բարև Ձեզ:
	[barév dzez]
Mein Name ist …	Իմ անունը … է:
	[im anúnə … ē]
Ich habe eine Reservierung.	Ես համար եմ ամրագրել:
	[es hamár em amragrél]

Ich brauche …	Ինձ հարկավոր է …
	[indz harkavór ē …]
ein Einzelzimmer	մեկտեղանոց համար
	[mekteganótsʰ hamár]
ein Doppelzimmer	երկտեղանոց համար
	[ērkteganótsʰ hamár]
Wie viel kostet das?	Որքա՞ն այն արժե:
	[vorkʰán ajn aržé?]
Das ist ein bisschen teuer.	Դա մի քիչ թանկ է:
	[da mi kʰič tʰank ē]

Haben Sie sonst noch etwas?	Ունե՞ք որևէ այլ տարբերակ:
	[unékʰ vórevē ajl tarberák?]
Ich nehme es.	Ես դա կվերցնեմ:
	[es da kvertsʰném]
Ich zahle bar.	Ես կանխիկ կվճարեմ:
	[es kanχík kvčarém]

Ich habe ein Problem.	Ես խնդիր ունեմ:
	[es χndír uném]
Mein … ist kaputt.	Իմ … փչացել է:
	[im … pʰčatsʰél ē]
Mein … ist außer Betrieb.	Իմ … չի աշխատում:
	[im … či asχatúm]
Fernseher	հեռուստացույցը
	[herustatsʰújtsʰə]
Klimaanlage	օդորակիչը
	[odorakíčə]
Wasserhahn	ծորակը
	[tsorákə]

Dusche	ցնցուղը
	[tsʰntsʰúγə]
Waschbecken	լվացարանը
	[lvatsʰaránə]
Safe	չհրկիզվող պահարանը
	[čhrkizvóg paharánə]

Türschloss	կողպեքը [koġpékʰə]
Steckdose	վարդակը [vardákə]
Föhn	ֆենը [fénə]

Ich habe kein …	Ես … չունեմ: [es … čuném]
Wasser	ջուր [dʒúr]
Licht	լույս [lújs]
Strom	հոսանք [hosankʰ]

Können Sie mir … geben?	Կարո՞ղ եք ինձ տալ …: [karóġ ékʰ indz tal …?]
ein Handtuch	սրբիչ [srbič]
eine Decke	ծածկոց [tsatskótsʰ]
Hausschuhe	հողաթափեր [hogatʰapʰér]
einen Bademantel	խալաթ [xalátʰ]
etwas Shampoo	շամպուն [šampún]
etwas Seife	օճառ [očár]

Ich möchte ein anderes Zimmer haben.	Ես կցանկանայի փոխել համարս: [es kʦʰankanáji pʰoxél hamárs]
Ich kann meinen Schlüssel nicht finden.	Ես չեմ կարողանում գտնել իմ բանալին: [es čem karoġanúm gtnel im banalín]
Machen Sie bitte meine Tür auf	Խնդրում եմ, բացեք իմ համարը: [xndrum em batsʰékʰ im hamárə]
Wer ist da?	Ո՞վ է: [ov ē?]
Kommen Sie rein!	Մտե՛ք: [mtekʰ!]
Einen Moment bitte!	Մեկ րոպե՛: [mek ropé!]
Nicht jetzt bitte.	Խնդրում եմ, հիմա չէ: [xndrum em, hima čē]

Kommen Sie bitte in mein Zimmer.	Խնդրում եմ, ինձ մոտ մտեք: [xndrum em, indz mot mtekʰ]
Ich würde gerne Essen bestellen.	Ես ուզում եմ ուտելիք համար պատվիրել: es uzúm em utelíkʰ hamár patvirél

Meine Zimmernummer ist …	Իմ սենյակի համարը … է: [im senjakí hamárə … ē]
Ich reise … ab.	Ես մեկնում եմ … [es meknúm em …]
Wir reisen … ab.	Մենք մեկնում ենք … [menkʰ meknúm enkʰ …]
jetzt	հիմա [hímа]
diesen Nachmittag	այսոր ճաշից հետո [ajsór čašíʦʰ hetó]
heute Abend	այսոր երեկոյան [ajsór erekoján]
morgen	վաղը [vágə]
morgen früh	վաղն առավոտյան [vagn aravotján]
morgen Abend	վաղը երեկոյան [vágə erekoján]
übermorgen	վաղը չէ մյուս օրը [vágə čē mjus órə]
Ich möchte die Zimmerrechnung begleichen.	Ես կուզենայի հաշիվը փակել: [es kuzenáji hašívə pʰakél]
Alles war wunderbar.	Ամեն ինչ հոյակապ էր: [amén inč hojakáp ē]
Wo kann ich ein Taxi bekommen?	Որտե՞ղ կարող եմ տաքսի վերցնել: [vortéġ karóġ em takʰsí verʦʰnél?]
Würden Sie bitte ein Taxi für mich holen?	Ինձ համար տաքսի կանչեք, խնդրում եմ: indz hamár takʰsí kančékʰ, χndrum em]

Restaurant

Könnte ich die Speisekarte sehen bitte?	Կարո՞ղ եմ նայել ձեր ճաշացանկը: [karóġ em naél dzer čašatsʰánkə?]
Tisch für einen.	Սեղան մեկ հոգու համար: [seġán mek hogú hamár]
Wir sind zu zweit (dritt, viert).	Մենք երկուսով (երեքով, չորսով) ենք: [menkʰ erkusóv (erekʰóv, čorsóv) enkʰ]

Raucher	Ծխողների համար [tsxoġnerí hamár]
Nichtraucher	Չծխողների համար [čtsxoġnerí hamár]
Entschuldigen Sie mich! (Einen Kellner ansprechen)	Մոտեցե՛ք խնդրեմ: [motetsʰékʰ xndrém!]
Speisekarte	Ճաշացանկ [čašatsʰánk]
Weinkarte	Գինեքարտ [ginekʰárt]
Die Speisekarte bitte.	Ճաշացանկը, խնդրեմ: [čašatsʰánkə, xndrém]

Sind Sie bereit zum bestellen?	Պատրա՞ստ եք պատվիրել? [patrást ekʰ patvirél?]
Was würden Sie gerne haben?	Ի՞նչ եք պատվիրելու: [inč ekʰ patvirelú?]
Ich möchte …	Ես կվերցնեմ … [es kvertsʰném …]

Ich bin Vegetarier.	Ես բուսակեր եմ: [es busakér em]
Fleisch	միս [mis]
Fisch	ձուկ [dzuk]
Gemüse	բանջարեղեն [bandžareġén]
Haben Sie vegetarisches Essen?	Դուք ունե՞ք բուսակերական ճաշատեսակներ: dukʰ unékʰ busakerakán čašatesaknér?]
Ich esse kein Schweinefleisch.	Ես խոզի միս չեմ ուտում: [es xozí mis čem utúm]
Er /Sie/ isst kein Fleisch.	Նա միս չի ուտում: [na mis čí utúm]

Ich bin allergisch auf …

Ես …ից ալերգիա ունեմ։
[es …itsʰ alergija uném]

Könnten Sie mir bitte … Bringen.

Խնդրում եմ, ինձ … բերեք։
[xndrum em, indz … berékʰ]

Salz | Pfeffer | Zucker

աղ | պղպեղ | շաքար
[ag | pġpeġ | šákʰár]

Kaffee | Tee | Nachtisch

սուրճ | թեյ | աղանդեր
[surč | tʰej | aġandér]

Wasser | Sprudel | stilles

ջուր | գազավորված | չգազավորված
[džur | gazavorváts | čgazavorváts]

einen Löffel | eine Gabel | ein Messer

գդալ | պատառաքաղ | դանակ
[gdal | patarakʰáġ | danák]

einen Teller | eine Serviette

ափսե | անձեռոցիկ
[apʰsé | andzerotsʰík]

Guten Appetit!

Բարի ախորժակ։
[barí axoržák!]

Noch einen bitte.

Էլի բերեք, խնդրում եմ։
[éli berékʰ, xndrum ēm]

Es war sehr lecker.

Շատ համեղ էր։
[šat haméġ ēr]

Scheck | Wechselgeld | Trinkgeld

հաշիվ | մանրադրամ | թեյավճար
[hašiv | manradrám | tʰejavčár]

Zahlen bitte.

Հաշիվը, խնդրում եմ։
[hašivə, xndrum em]

Kann ich mit Karte zahlen?

Կարո՞ղ եմ վճարել քարտով։
[karóġ em včarél kʰartóv?]

Entschuldigen Sie, hier ist ein Fehler.

Ներեցեք, այստեղ սխալ կա։
[neretsʰékʰ, ajstéġ sxal ka]

Einkaufen

Kann ich Ihnen behilflich sein?	Կարո՞ղ եմ օգնել ձեզ: [karóg em ognél dzez?]
Haben Sie …?	Դւք ունե՞ք …: [dukʰ unékʰ …?]
Ich suche …	Ես փնտրում եմ … [es pʰntrum em …]
Ich brauche …	Ինձ պետք է … [indz petkʰ ē …]

Ich möchte nur schauen.	Ես ուղղակի նայում եմ: [es uģgakí najúm em]
Wir möchten nur schauen.	Մենք ուղղակի նայում ենք: [menkʰ uģgakí najúm enkʰ]
Ich komme später noch einmal zurück.	Ես ավելի ուշ կայցելեմ: [es avelí uš kajtsʰelém]
Wir kommen später vorbei.	Մենք ավելի ուշ կայցելենք: [menkʰ avelí uš kajtsʰelénk]
Rabatt | Ausverkauf	զեղչեր | իսպառ վաճառք [zegčér | ispár vačárkʰ]

Zeigen Sie mir bitte …	Ցույց տվեք ինձ, խնդրում եմ … [tsʰujtsʰ tvekʰ indz, χndrum em …]
Geben Sie mir bitte …	Տվեք ինձ, խնդրում եմ … [tvekʰ indz, χndrum em…]
Kann ich es anprobieren?	Կարո՞ղ եմ ես սա փորձել: [karóg em es sa pʰordzél?]
Entschuldigen Sie bitte, wo ist die Anprobe?	Ներեցեք, որտե՞ղ է հանդերձարանը: [neretsʰékʰ, vortég ē handerdzaránə?]
Welche Farbe mögen Sie?	Ի՞նչ գույն եք ուզում: [inč gujn ekʰ uzum?]
Größe | Länge	չափս | հասակ [čapʰs | hasák]
Wie sitzt es?	Եղա՞վ: [egáv?]

Was kostet das?	Սա ինչքա՞ն արժե: [sa inčkʰán arʒé?]
Das ist zu teuer.	Դա չափազանց թանկ է: [da čapʰazántsʰ tʰank ē]
Ich nehme es.	Ես կվերցնեմ սա: [es kvertsʰném sa]
Entschuldigen Sie bitte, wo ist die Kasse?	Ներեցեք, որտե՞ղ է դրամարկղը: [neretsʰékʰ, vortég ē dramárkgə?]

Zahlen Sie Bar oder mit Karte?

Ինչպե՞ս կեք վճարելու։
Կանխիկ կ թե քարտով։
inčpés ekʰ včarelú?
kanχík tʰe kʰartóv?]

in Bar | mit Karte

կանխիկ | քարտով
[kanχík | kʰartóv]

Brauchen Sie die Quittung?

Ձեզ չեկն անհրաժե՞շտ է։
[dzez čekʰn anhraʒéšt ē?]

Ja, bitte.

Այո, խնդրում եմ։
[ajó, χndrum em]

Nein, es ist ok.

Ոչ, պետք չէ։ Շնորհակալություն։
[voč, petkʰ čē. šnorhakalutʰjún]

Danke. Einen schönen Tag noch!

Շնորհակալություն։ Ցտեսություն։
[šnorhakalutʰjún tsʰtesutʰjún!]

In der Stadt

Entschuldigen Sie bitte, …
Ներեցեք խնդրեմ …
[nerets{}^hek{}^h, χndrem …]

Ich suche …
Ես փնտրում եմ …
[es p{}^hntrum em …]

die U-Bahn
մետրո
[metró]

mein Hotel
իմ հյուրանոցը
[im hjuranóts{}^hə]

das Kino
կինոթատրոն
[kinot{}^hatrón]

den Taxistand
տաքսիների կայան
[tak{}^hsineri kaján]

einen Geldautomat
բանկոմատ
[bankomát]

eine Wechselstube
արժույթի փոխանակման կետ
[arӡujt{}^hi p{}^hoχanakmán ket]

ein Internetcafé
ինտերնետ-սրճարան
[internét-srčarán]

die … -Straße
… փողոցը
[… p{}^hogóts{}^hə]

diesen Ort
այս տեղը
[ajs tégə]

Wissen Sie, wo … ist?
Դուք գիտե՞ք որտեղ է գտնվում …:
[duk{}^h gítek{}^h vortég ē gtnvum …?]

Wie heißt diese Straße?
Ինչպե՞ս է կոչվում այս փողոցը:
[inčpés ē kočvúm ajs p{}^hogóts{}^hə?]

Zeigen Sie mir wo wir gerade sind.
Ցույց տվեք որտեղ ենք մենք հիմա:
[ts{}^hujts{}^h tvek{}^h, vortég enk{}^h menk{}^h himá]

Kann ich dort zu Fuß hingehen?
Ես կհասնե՞մ այնտեղ ոտքով:
[es khasném ajntég votk{}^hóv?]

Haben Sie einen Stadtplan?
Դուք ունե՞ք քաղաքի քարտեզը:
[duk{}^h unék{}^h k{}^hagakí k{}^hartézə?]

Was kostet eine Eintrittskarte?
Որքա՞ն արժէ մուտքի տոմսը:
[vorkán arӡé mutk{}^hí tómsə?]

Darf man hier fotografieren?
Այստեղ կարելի՞ է լուսանկարել:
[ajstég karelí ē lusankarél?]

Haben Sie offen?
Դուք բա՞ց եք:
[duk{}^h bats{}^h ek{}^h?]

Wann öffnen Sie?

Ժամը քանիսի՞ն եք դուք բացվում:
[ʒámə kʰanisín ek duk batsʰvúm?]

Wann schließen Sie?

Մինչև ո՞ր ժամն եք աշխատում:
[minčév vor ʒámn ekʰ ašχatúm?]

Geld

Geld	փող [pʰog]
Bargeld	կանխիկ դրամ [kanχik dram]
Papiergeld	թղթադրամ [tʰgtʰadrám]
Kleingeld	մանրադրամ [manradrám]
Scheck | Wechselgeld | Trinkgeld	հաշիվ | մանր | թեյավճար [hašív | manr | tʰejávčár]

Kreditkarte	կրեդիտ քարտ [kredít kʰart]
Geldbeutel	դրամապանակ [dramapanák]
kaufen	գնել [gnel]
zahlen	վճարել [včarél]
Strafe	տուգանք [tugánkʰ]
kostenlos	անվճար [anvčár]

Wo kann ich ... kaufen?	Որտե՞ղ կարող եմ գնել ...: [vórteġ karóġ em gnel ...?]
Ist die Bank jetzt offen?	Բանկը հիմա բա՞ց է: [bánkə himá batsʰ ē?]
Wann öffnet sie?	Ժամը քանիսի՞ն է այն բացվում: [ʒámə kʰanisín ē ajn batsʰvúm?]
Wann schließt sie?	Մինչև ո՞ր ժամն է այն աշխատում: [minčév vor ʒamn ē ajn ašχatúm?]

Wie viel?	Ինչքա՞ն: [inčkʰán?]
Was kostet das?	Սա ինչքա՞ն արժե: [sa inčkʰán arʒē?]
Das ist zu teuer.	Դա չափազանց թանկ է: [da čapʰazántsʰ tʰank ē]

Entschuldigen Sie bitte, wo ist die Kasse?	Ներեցեք, որտե՞ղ է դրամարկղը: [neretsʰékʰ, vortéġ ē dramárkgə?]
Ich möchte zahlen.	Հաշիվը, խնդրում եմ: [hašívə, χndrum em]

Kann ich mit Karte zahlen?

Կարո՞ղ եմ վճարել քարտով:
[karóġ em včarél kʰartóv?]

Gibt es hier einen Geldautomat?

Այստեղ բանկոմատ կա՞:
[ajstéġ bankomát ka?]

Ich brauche einen Geldautomat.

Ինձ բանկոմատ է հարկավոր:
[indz bankomát ē harkavór]

Ich suche eine Wechselstube.

Ես փնտրում եմ փոխանակման կետ:
[es pʰntrum em pʰoχanakmán ket]

Ich möchte … wechseln.

Ես ուզում եմ փոխանակել …
[es uzúm em pʰoχanakél …]

Was ist der Wechselkurs?

Ասացեք, խնդրեմ, փոխարժեքը:
[asatsʰék, χndrém, pʰoχarʒékʰə?]

Brauchen Sie meinen Reisepass?

Ձեզ պե՞տք է իմ անձնագիրը:
[dzez petkʰ ē im andznagírə?]

Zeit

Wie spät ist es?	Ժամը քանի՞սն է: [ʒámə kʰanisn ē?]
Wann?	Ե՞րբ: [erb?]
Um wie viel Uhr?	Ժամը քանիսի՞ն: [ʒámə kʰanisín?]
jetzt | später | nach …	հիմա | ավելի ուշ | …ից հետո [híma | avelí uš | …itsʰ hetó]
ein Uhr	ցերեկվա ժամը մեկը [tsʰerekvá ʒámə mékə]
Viertel zwei	մեկն անց տասնհինգ րոպե [mékn antsʰ tasnhíng ropé]
Ein Uhr dreißig	մեկն անց կես [mékn antsʰ kes]
Viertel vor zwei	երկուսին տասնհինգ պակաս [erkusín tasnhíng pakás]
eins | zwei | drei	մեկ | երկու | երեք [mek | erkú | erékʰ]
vier | fünf | sechs	չորս | հինգ | վեց [čors | hing | vetsʰ]
sieben | acht | neun	յոթ | ութ | ինը [jotʰ | utʰ | ínə]
zehn | elf | zwölf	տաս | տասնմեկ | տասներկու [tas | tasnəmék | tasnerkú]
in …	…ից [...itsʰ]
fünf Minuten	հինգ րոպե [hing ropé]
zehn Minuten	տաս րոպե [tas ropé]
fünfzehn Minuten	տասնհինգ րոպե [tasnhíng ropé]
zwanzig Minuten	քսան րոպե [kʰsan ropé]
einer halben Stunde	կես ժամ [kes ʒam]
einer Stunde	մեկ ժամ [mek ʒam]

am Vormittag	առավոտյան [aravotján]
früh am Morgen	վաղ առավոտյան [vaġ aravotján]
diesen Morgen	այսօր առավոտյան [ajsór aravotján]
morgen früh	վաղն առավոտյան [vaġn aravotján]
am Mittag	ճաշին [čašín]
am Nachmittag	ճաշից հետո [čašítsͪ hetó]
am Abend	երեկոյան [erekoján]
heute Abend	այսօր երեկոյան [ajsór erekoján]
in der Nacht	գիշերը [gišérə]
gestern	երեկ [erék]
heute	այսօր [ajsór]
morgen	վաղը [váġə]
übermorgen	վաղը չէ մյուս օրը [váġə čē mjus órə]
Welcher Tag ist heute?	Շաբաթվա ի՞նչ օր է այսօր: [šabatͪvá inč or ē ajsór?]
Es ist …	Այսօր … է: [ajsór … ē]
Montag	երկուշաբթի [erkušabtͪí]
Dienstag	երեքշաբթի [erekͪšabtͪí]
Mittwoch	չորեքշաբթի [čorekͪšabtͪí]
Donnerstag	հինգշաբթի [hingšabtͪí]
Freitag	ուրբաթ [urbátͪ]
Samstag	շաբաթ [šabátͪ]
Sonntag	կիրակի [kiraki]

Begrüßungen und Vorstellungen

Hallo.	Բարև Ձեզ: [barév dzez]
Freut mich, Sie kennen zu lernen.	Ուրախ եմ ձեզ հետ ծանոթանալու: [uráχ em dzez het tsanotʰanalú]
Ganz meinerseits.	Նմանապես: [nmanapés]
Darf ich vorstellen? Das ist …	Ծանոթացեք: Սա … է: [tsanotʰatsʰékʰ. sa … ē]
Sehr angenehm.	Շատ հաճելի է: [šat hačelí é]

Wie geht es Ihnen?	Ինչպե՞ս եք: Ինչպե՞ս են ձեր գործերը: [inčpés ekʰ? inčpés en dzer gortsérə?]
Ich heiße …	Իմ անունը … է: [im anúnə … ē]
Er heißt …	Նրա անունը … է: [nra anúnə … ē]
Sie heißt …	Նրա անունը … է: [nra anúnə … ē]
Wie heißen Sie?	Ձեր անունն ի՞նչ է: [dzer anúnn inč ē?]
Wie heißt er?	Ի՞նչ է նրա անունը: [inč ē nra anúnə?]
Wie heißt sie?	Ի՞նչ է նրա անունը: [ínč ē nra anúnə?]

Wie ist Ihr Nachname?	Ի՞նչ է ձեր ազգանունը: [inč ē dzer azganúnə?]
Sie können mich … nennen.	Ասացեք ինձ … [asatsʰékʰ indz …]
Woher kommen Sie?	Որտեղի՞ց եք դուք: [vortegitsʰ ekʰ dukʰ?]
Ich komme aus …	Ես …ից եմ: [es …itsʰ em]
Was machen Sie beruflich?	Որտե՞ղ եք աշխատում: [vortég ekʰ ašχatúm?]
Wer ist das?	Ո՞վ է սա: [ov ē sa?]
Wer ist er?	Ո՞վ է նա: [ov ē na?]
Wer ist sie?	Ո՞վ է նա: [ov ē na?]
Wer sind sie?	Ո՞վ են նրանք: [ov en nrankʰ?]

Das ist …	Սա ...ն է:
	[sa …n ē]
mein Freund	իմ ընկեր
	[im ənkér]
meine Freundin	իմ ընկերուհի
	[im ənkeruhí]
mein Mann	իմ ամուսին
	[im amusín]
meine Frau	իմ կին
	[im kin]
mein Vater	իմ հայր
	[im hajr]
meine Mutter	իմ մայր
	[im majr]
mein Bruder	իմ եղբայր
	[im eğbájr]
meine Schwester	իմ քույր
	[im kʰujr]
mein Sohn	իմ որդի
	[im vordí]
meine Tochter	իմ դուստր
	[im dustr]
Das ist unser Sohn.	Սա մեր որդին է:
	[sa mer vordín ē]
Das ist unsere Tochter.	Սա մեր դուստրն է:
	[sa mer dustrn ē]
Das sind meine Kinder.	Սրանք իմ երեխաներն են:
	[srankʰ im ereχanérn en]
Das sind unsere Kinder.	Սրանք մեր երեխաներն են:
	[srankʰ mer ereχanérn en]

Verabschiedungen

Auf Wiedersehen!	Ցտեսություն: [tsʰtesutʰjún!]
Tschüss!	Հաջո'ղ: [hadʒóġ!]
Bis morgen.	Մինչ վաղը: [minč vágə]
Bis bald.	Մինչ հանդիպում: [minč handipúm]
Bis um sieben.	Կհանդիպենք ժամը յոթին: [khandipénkʰ ʒámə jotʰín]
Viel Spaß!	Զվարճացե'ք: [zvarčatsʰékʰ!]
Wir sprechen später.	Հետո կխոսենք: [hetó kχosénkʰ]
Ich wünsche Ihnen ein schönes Wochenende.	Հաջող հանգստյան օրեր եմ ցանկանում: [hadʒóġ hangstján orér em tsʰankanúm]
Gute Nacht.	Բարի գիշեր: [barí gišér]
Es ist Zeit, dass ich gehe.	Գնալու ժամանակն է: [gnalús ʒamanákn ē]
Ich muss gehen.	Ես պետք է գնամ: [es petkʰ ē gnam]
Ich bin gleich wieder da.	Ես հիմա կվերադառնամ: [es himá kveradarnám]
Es ist schon spät.	Արդեն ուշ է: [ardén uš ē]
Ich muss früh aufstehen.	Ես պետք է վաղ արթնանամ: [es petkʰ ē vaġ artʰnanám]
Ich reise morgen ab.	Ես վաղը մեկնում եմ: [es vágə meknúm em]
Wir reisen morgen ab.	Մենք վաղը մեկնում ենք: [menkʰ vágə meknúm enkʰ]
Ich wünsche Ihnen eine gute Reise!	Բարի ճանապարհ: [barí čanapárh!]
Hat mich gefreut, Sie kennen zu lernen.	Հաճելի էր ձեզ հետ ծանոթանալ: [hačelí ēr dzez hēt tsanotʰanál]
Hat mich gefreut mit Ihnen zu sprechen.	Հաճելի էր ձեզ հետ շփվել: [hačelí ēr dzez hēt špʰvel]
Danke für alles.	Շնորհակալություն ամեն ինչի համար: [šnorhakalutʰjún amén inčí hamár]

Ich hatte eine sehr gute Zeit.

Ես հոյակապ անցկացրեցի ժամանակը:
[es hojakáp antsʰkatsʰretsʰí ʒamanákə]

Wir hatten eine sehr gute Zeit.

Մենք հոյակապ անցկացրեցինք ժամանակը:
menkʰ hojakáp antsʰkatsʰretsʰínkʰ ʒamanákə]

Es war wirklich toll.

Ամեն ինչ հոյակապ էր:
[amén inč hojakáp ér]

Ich werde Sie vermissen.

Ես կկարոտեմ:
[es kəkarotém]

Wir werden Sie vermissen.

Մենք կկարոտենք:
[menkʰ kəkaroténkʰ]

Viel Glück!

Հաջողությո՛ւն: Մնաք բարո՛վ:
[hadʒoġutʰjún! mnakʰ baróv!]

Grüßen Sie ...

Բարևեք ...ին:
[barevékʰ ...in]

Fremdsprache

Ich verstehe nicht.	Ես չեմ հասկանում: [es čem haskanúm]
Schreiben Sie es bitte auf.	Խնդրում եմ, գրեք դա: [χndrum em, grekʰ da]
Sprechen Sie ...?	Դուք գիտե՞ք ...: [dukʰ gitékʰ ...?]

Ich spreche ein bisschen ...	Ես գիտեմ մի քիչ ... [es gitém mi kʰič ...]
Englisch	անգլերեն [anglerén]
Türkisch	թուրքերեն [tʰurkʰerén]
Arabisch	արաբերեն [araberén]
Französisch	ֆրանսերեն [franserén]

Deutsch	գերմաներեն [germanerén]
Italienisch	իտալերեն [italerén]
Spanisch	իսպաներեն [ispanerén]
Portugiesisch	պորտուգալերեն [portugalerén]
Chinesisch	չիներեն [činerén]
Japanisch	ճապոներեն [čaponerén]

Können Sie das bitte wiederholen.	Կրկնեք, խնդրեմ: [krknekʰ, χndrem]
Ich verstehe.	Ես հասկանում եմ: [es haskanúm em]
Ich verstehe nicht.	Ես չեմ հասկանում: [es čem haskanúm]
Sprechen Sie etwas langsamer.	Խոսեք դանդաղ, խնդրում եմ: [χosékʰ dandáǵ, χndrum em]

Ist das richtig?	Սա ճի՞շտ է: [sa čišt ê?]
Was ist das? (Was bedeutet das?)	Ի՞նչ է սա: [inč ê sa?]

Entschuldigungen

Entschuldigen Sie bitte.

Ներեցեք, խնդրեմ:
[nerets^hēk^h, χndrem]

Es tut mir leid.

Ցավում եմ:
[ts^havúm em]

Es tut mir sehr leid.

Շատ ափսոս:
[šat ap^hsós]

Es tut mir leid, das ist meine Schuld.

Իմ մեղավորությունն է:
[im meġavorut^hjúnn ē]

Das ist mein Fehler.

Իմ սխալն է:
[im sχaln ē]

Darf ich ...?

Ես կարո՞ղ եմ ...:
[es karóġ em ...?]

Haben Sie etwas dagegen, wenn ich ...?

Դեմ չե՞ք լինի, եթե ես ...:
[dem ček^h lini, et^hé es ...?]

Es ist okay.

Սարսափելի ոչինչ չկա:
[sarsap^helí vočínč čka]

Alles in Ordnung.

Ամեն ինչ կարգին է:
[amén inč kargin ē]

Machen Sie sich keine Sorgen.

Մի անհանգստացեք:
[mi anhangstats^hék^h]

Einigung

Ja.	Այո: [ajó]
Ja, natürlich.	Այո, իհարկե: [ajó, ihárke]
Ok! (Gut!)	Լա՛վ [lav!]
Sehr gut.	Շատ լավ: [šat lav]
Natürlich!	Իհա'րկե: [ihárke!]
Genau.	Ես համաձայն եմ: [es hamadzájn em]

Das stimmt.	Ճիշտ է: [čišt ē]
Das ist richtig.	Ճիշտ է: [čišt ē]
Sie haben Recht.	Դուք իրավացի եք: [dukʰ iravatsʰí ekʰ]
Ich habe nichts dagegen.	Ես չեմ առարկում: [es čem ararkúm]
Völlig richtig.	Բացարձակ ճիշտ է: [batsʰardzák čišt ē]

Das kann sein.	Հնարավոր է: [hnaravór ē]
Das ist eine gute Idee.	Լավ միտք է: [lav mítkʰ ē]
Ich kann es nicht ablehnen.	Չեմ կարող մերժել: [čem karóg meržél]
Ich würde mich freuen.	Ուրախ կլինեմ: [uráχ kliném]
Gerne.	Հաճույքով: [hačujkʰóv]

Ablehnung. Äußerung von Zweifel

Nein.	Ոչ: [voč]
Natürlich nicht.	Իհարկե, ոչ: [ihárke, voč]
Ich stimme nicht zu.	Ես համաձայն չեմ: [es hamadzájn em]
Das glaube ich nicht.	Ես այդպես չեմ կարծում: [es ajdpes čem kartsúm]
Das ist falsch.	Սուտ է: [sut ē]
Sie liegen falsch.	Դուք իրավացի չեք: [dukʰ iravatsʰí čekʰ]
Ich glaube, Sie haben Unrecht.	Կարծում եմ՝ իրավացի չեք: [kartsúm em, iravatsʰí čekʰ]
Ich bin nicht sicher.	Համոզված չեմ: [hamozváts čem]
Das ist unmöglich.	Անհնար է: [anhnár ē]
Nichts dergleichen!	Ո՛չ մի նման բան: [voč mi nman ban!]
Im Gegenteil!	Հակառակը: [hakaráke!]
Ich bin dagegen.	Ես դեմ եմ: [es dem em]
Es ist mir egal.	Ինձ միևնույն է: [indz mievnújn ē]
Keine Ahnung.	Գաղափար չունեմ: [gaġapʰár čuném]
Ich bezweifle, dass es so ist.	Կասկածում եմ, որ այդպես է: [kaskatsúm ēm, vor ajdpes ē]
Es tut mir leid, ich kann nicht.	Ներեցեք, չեմ կարող: [neretsʰékʰ, čem karóg]
Es tut mir leid, ich möchte nicht.	Ներեցեք, չեմ ուզում: [neretsʰékʰ, čem uzúm]
Danke, das brauche ich nicht.	Շնորհակալություն, ինձ պետք չէ: [šnorhakalutʰjún, indz petkʰ čē]
Es ist schon spät.	Արդեն ուշ է: [ardén uš ē]

Ich muss früh aufstehen.

Ես պետք է վաղ արթնանամ:
[es petk῾ ē vaġ art῾nanám]

Mir geht es schlecht.

Ես ինձ վատ եմ զգում:
[es indz vat em zgum]

Dankbarkeit ausdrücken

Danke.	Շնորհակալություն: [šnorhakálutʰjún]
Dankeschön.	Շատ շնորհակալ եմ: [šat šnorhakál em]
Ich bin Ihnen sehr verbunden.	Շատ շնորհակալ եմ: [šat šnorhakál em]
Ich bin Ihnen sehr dankbar.	Շնորհակալ եմ: [šnorhakál em]
Wir sind Ihnen sehr dankbar.	Շնորհակալ ենք: [šnorhakál enkʰ]
Danke, dass Sie Ihre Zeit geopfert haben.	Շնորհակալություն, որ ծախսեցիք ձեր ժամանակը: šnorhakalutʰjún, vor tsaχsetsʰíkʰ dzer ʒamanákə]
Danke für alles.	Շնորհակալություն ամեն ինչի համար: [šnorhakálutʰjún amén inčí hamár]
Danke für …	Շնորհակալություն … համար: [šnorhakálutʰjún … hamár]
Ihre Hilfe	ձեր օգնության [dzer ognutʰján]
die schöne Zeit	լավ ժամանցի [lav ʒamantsʰí]
das wunderbare Essen	հոյակապ ուտեստների [hojakáp utestnerí]
den angenehmen Abend	հաճելի երեկոյի [hačelí erekojí]
den wunderschönen Tag	հիանալի օրվա [hianalí orvá]
die interessante Führung	հետաքրքիր էքսկուրսիայի [hetakʰrkír ékʰskursiají]
Keine Ursache.	Չարժե: [čarʒé]
Nichts zu danken.	Չարժե: [čarʒé]
Immer gerne.	Միշտ խնդրեմ: [mišt χndrém]
Es freut mich, geholfen zu haben.	Ուրախ էի օգնելու: [uráχ ei ognelú]

Vergessen Sie es.

Մոռացեք:
[moratsʰékʰ]

Machen Sie sich keine Sorgen.

Մի անհանգստացեք:
[mi anhangstatsʰékʰ]

Glückwünsche. Beste Wünsche

Glückwunsch!	Շնորհավորո'ւմ եմ:
	[šnorhavorúm em!]
Alles gute zum Geburtstag!	Շնորհավո'ր ծննդյան օրը:
	[šnorhavór tsnəndzján óre!]
Frohe Weihnachten!	Շնորհավո'ր Սուրբ ծնունդ:
	[šnorhavór surb tsnund!]
Frohes neues Jahr!	Շնորհավո'ր Ամանոր:
	[šnorhavór amanór!]
Frohe Ostern!	Շնորհավո'ր Զատիկ:
	[šnorhavór zatík!]
Frohes Hanukkah!	Ուրա'խ Հանուկա:
	[uráχ hánuka!]
Ich möchte einen Toast ausbringen.	Ես կենաց ունեմ:
	[es kenátsʰ uném]
Auf Ihr Wohl!	Ձեր առողջության կենա'ցը:
	[dzer arogdzutʰján kenátsʰə!]
Trinken wir auf …!	Խմե'նք … համար:
	[χmenkʰ … hamár!]
Auf unseren Erfolg!	Մեր հաջողության կենա'ցը:
	[mer hadzogutʰján kenátsʰə!]
Auf Ihren Erfolg!	Ձեր հաջողության կենա'ցը:
	[dzer hadzogutʰján kenátsʰə!]
Viel Glück!	Հաջողությո'ւն:
	[hadzogutʰjún!]
Einen schönen Tag noch!	Հաճելի o'ր եմ ցանկանում:
	[hačelí or em tsʰankanúm!]
Haben Sie einen guten Urlaub!	Հաճելի հանգի'ստ եմ ցանկանում:
	[hačelí hangíst em tsʰankanúm!]
Haben Sie eine sichere Reise!	Բարի ճանապա'րհ:
	[bari čanapárh!]
Ich hoffe es geht Ihnen bald besser!	Շուտ ապաքինո'ւմ եմ ցանկանում:
	[šut apakʰinúm em tsʰankanúm!]

Sozialisieren

Warum sind Sie traurig?	Ինչո՞ւ եք տխրել։ [inčú ekʰ txrel?]
Lächeln Sie!	Ժպտացե՛ք։ [ʒptatsʰékʰ!]
Sind Sie heute Abend frei?	Դուք զբաղվա՞ծ եք այսոր երեկոյան։ [dukʰ zbagváts ekʰ ajsór erekoján?]

Darf ich Ihnen was zum Trinken anbieten?	Կարո՞ղ եմ առաջարկել ձեզ որևէ ըմպելիք։ karóg ēm aradžarkél dzez vorevé əmpelíkʰ?]
Möchten Sie tanzen?	Չե՞ք ցանկանա պարել։ [čekʰ tsʰankaná parél?]
Gehen wir ins Kino.	Գնա՞նք կինոթատրոն։ [gnankʰ kinotʰatrón?]

Darf ich Sie ins … einladen?	Կարո՞ղ եմ հրավիրել ձեզ …։ [karóg em hravirél dzez …?]
Restaurant	ռեստորան [restorán]
Kino	կինոթատրոն [kinotʰatrón]
Theater	թատրոն [tʰatrón]
auf einen Spaziergang	զբոսանքի [zbosankʰí]

Um wie viel Uhr?	Ժամը քանիսի՞ն։ [ʒámə kʰanisín?]
heute Abend	այսոր երեկոյան [ajsór erekoján]
um sechs Uhr	ժամը վեցին [ʒámə vetsʰín]
um sieben Uhr	ժամը յոթին [ʒámə jotʰín]
um acht Uhr	ժամը ութին [ʒámə utʰín]
um neun Uhr	ժամը իննին [ʒámə innín]

Gefällt es Ihnen hier?	Ձեզ այստեղ դու՞ր է գալիս։ [dzez ajstég dur ē galís?]
Sind Sie hier mit jemandem?	Դուք այստեղ ինչ-որ մեկի հե՞տ եք։ [dukʰ ajstég inč-vor mekí het ekʰ]

Ich bin mit meinem Freund /meiner Freundin/.	Ես ընկերոջս /ընկերուհու/ հետ եմ: [es ənkeródʒs /ənkeruhús/ het em]
Ich bin mit meinen Freunden.	Ես ընկերներիս հետ եմ: [es ənkerneris het em]
Nein, ich bin alleine.	Ես մենակ եմ: [es menák em]
Hast du einen Freund?	Դու ընկեր ունե՞ս: [du ənkér unés?]
Ich habe einen Freund.	Ես ընկեր ունեմ: [es ənkér uném]
Hast du eine Freundin?	Դու ընկերուհի ունե՞ս: [du ənkeruhí unés?]
Ich habe eine Freundin.	Ես ընկերուհի ունեմ: [es ənkeruhí uném]
Kann ich dich nochmals sehen?	Մենք դեռ կհանդիպե՞նք: [menkʰ der khandipénkʰ?]
Kann ich dich anrufen?	Կարո՞ղ եմ քեզ զանգահարել: [karóg em kʰez zangaharél?]
Ruf mich an.	Կզանգես: [kzangés]
Was ist deine Nummer?	Ո՞նց է համարդ [vontsʰ ē hamárt?]
Ich vermisse dich.	Ես կարոտում եմ քեզ: [es karotúm em kʰez]
Sie haben einen schönen Namen.	Դուք շատ գեղեցիկ անուն ունեք: [dukʰ šat gegetsʰík anún unékʰ]
Ich liebe dich.	Ես սիրում եմ քեզ: [es sirúm em kʰez]
Willst du mich heiraten?	Արի՜ ամուսնանանք: [arí amusnanánkʰ]
Sie machen Scherze!	Դուք կատակո՛ւմ եք: [dukʰ katakúm ekʰ]
Ich habe nur gescherzt.	Ես ուղղակի կատակում եմ: [es uggaki katakúm em]
Ist das Ihr Ernst?	Դուք լո՞ւրջ եք ասում: [dukʰ lúrdʒ ekʰ asúm?]
Das ist mein Ernst.	Ես լուրջ եմ ասում: [es lurdʒ em asúm]
Echt?!	Իրո՞ք: [irókʰ?!]
Das ist unglaublich!	Դա անհավանական է: [da anhavanakán ē!]
Ich glaube Ihnen nicht.	Ես ձեզ չեմ հավատում: [es dzez čem hávatúm]
Ich kann nicht.	Ես չեմ կարող: [es čem karóg]
Ich weiß nicht.	Ես չգիտեմ: [es čgitém]

Ich verstehe Sie nicht.

Ես ձեզ չեմ հասկանում:
[es dzez čem haskanúm]

Bitte gehen Sie weg.

Հեռացեք, խնդրում եմ:
[hérats‎ʰekʰ, χndrum em]

Lassen Sie mich in Ruhe!

Ինձ հանգի́ստ թողեք:
[indz hangíst tʰogékʰ]

Ich kann ihn nicht ausstehen.

Ես նրան տանել չեմ կարողանում:
[es nran tanél čem karoganúm]

Sie sind widerlich!

Դուք զզվելի́ եք:
[dukʰ zəzvelí ekʰ]

Ich rufe die Polizei an!

Ես ոստիկանություն'ն կկանչեմ:
[es vostikanutʰjún kəkančém!]

Gemeinsame Eindrücke. Emotionen

Das gefällt mir.
Ինձ դա դուր է գալիս:
[indz da dur ē galís]

Sehr nett.
Հաճելի է:
[hačelí ē]

Das ist toll!
Հրաշալի՛ է:
[hrašalí ē!]

Das ist nicht schlecht.
Վատ չէ:
[vat čē]

Das gefällt mir nicht.
Սա ինձ դուր է գալիս:
[sa indz dur ē galís]

Das ist nicht gut.
Դա լավ չէ:
[da lav čē]

Das ist schlecht.
Դա վատ է:
[da vat ē]

Das ist sehr schlecht.
Դա շատ վատ է:
[da šat vat ē]

Das ist widerlich.
Զզվելի է:
[zəzvelí ē]

Ich bin glücklich.
Ես երջանիկ եմ:
[es erdžaník em]

Ich bin zufrieden.
Ես գոհ եմ:
[es goh em]

Ich bin verliebt.
Ես սիրահարվել եմ:
[es siraharvél em]

Ich bin ruhig.
Ես հանգիստ եմ:
[es hangíst em]

Ich bin gelangweilt.
Ես ձանձրանում եմ:
[es dzandzranúm em]

Ich bin müde.
Ես հոգնել եմ:
[es hognél em]

Ich bin traurig.
Ես տխուր եմ:
[es txur em]

Ich habe Angst.
Ես վախեցած եմ:
[es vaxetsʰáts em]

Ich bin wütend.
Ես զայրանում եմ:
[es zajranúm em]

Ich mache mir Sorgen.
Ես անհանգստանում եմ:
[es anhangstanúm em]

Ich bin nervös.
Ես ջղայնանում եմ:
[es džğajnanúm em]

Ich bin eifersüchtig.

Ես նախանձում եմ:
[es naχandzúm em]

Ich bin überrascht .

Ես զարմացած եմ:
[es zarmatsʰáts em]

Es ist mir peinlich.

Ես շփոթված եմ:
[es špʰotʰváts em]

Probleme. Unfälle

Ich habe ein Problem.	Ես խնդիր ունեմ: [es χndír uném]
Wir haben Probleme.	Մենք խնդիրներ ունենք: [menkʰ χndírner unénkʰ]
Ich bin verloren.	Ես մոլորվել եմ: [es molorvél em]
Ich habe den letzten Bus (Zug) verpasst.	Ես ուշացել եմ վերջին ավտոբուսից (գնացքից): es ušatsʰél em avtobusítsʰ (gnatsʰkʰítsʰ)]
Ich habe kein Geld mehr.	Ինձ մոտ դրամ ընդհանրապես չի մնացել: indz mot drám əndhanrapés čí mnatsʰél]

Ich habe mein … verloren.	Ես կորցրել եմ … [es korts'rél em …]
Jemand hat mein … gestohlen.	Ինձ մոտից գողացել են … [indz mot gogatsʰél en …]
Reisepass	անձնագիրը [andznagírə]
Geldbeutel	դրամապանակը [dramapanákə]
Papiere	փաստաթղթերը [pʰastatʰgtʰérə]
Fahrkarte	տոմսը [tómsə]
Geld	փողը [pʰógə]
Tasche	պայուսակը [pajusákə]
Kamera	ֆոտոապարատը [fotoaparátə]
Laptop	նոութբուքը [noutʰbúkʰə]
Tabletcomputer	պլանշետը [planšétə]
Handy	հեռախոսը [heraχósə]

Hilfe!	Oգնեցե՛ք: [ognetsʰékʰ!]
Was ist passiert?	Ի՞նչ է պատահել: [inč é patahél?]

Feuer	հրդեհ [hrdeh]
Schießerei	կրակոց [krakóts^h]
Mord	սպանություն [spanut^hjún]
Explosion	պայթյուն [pajt^hjún]
Schlägerei	կռիվ [kriv]
Rufen Sie die Polizei!	Ոստիկանություն'ն կանչեք։ [vostikanut^hjún kančék^h!]
Beeilen Sie sich!	Արագացրե'ք, խնդրում եմ։ [aragáts^hrék^h xndrum em!]
Ich suche nach einer Polizeistation.	Ես փնտրում եմ ոստիկանության բաժին [es p^hntrum em vostikanut^hján bažín]
Ich muss einen Anruf tätigen.	Ինձ պետք է զանգահարել։ [indz petk^h ē zangaharél]
Kann ich Ihr Telefon benutzen?	Կարո՞ղ եմ զանգահարել։ [karóg em zangaharél?]
Ich wurde ...	Ինձ ... [indz ...]
ausgeraubt	կողոպտել են [kogoptél en]
überfallen	թալանել են [t^halanél en]
vergewaltigt	բռնաբարել են [brnabarél en]
angegriffen	ծեծել են [tsetsél en]
Ist bei Ihnen alles in Ordnung?	Ձեզ հետ ամեն ինչ կարգի՞ն է։ [dzez hēt amén inč kargin ē?]
Haben Sie gesehen wer es war?	Դուք տեսե՞լ եք, ով էր նա։ [duk^h tesél ek^h ov ēr na?]
Sind Sie in der Lage die Person wiederzuerkennen?	Կարո՞ղ եք նրան ճանաչել։ [karóg ek^h nran čanačél?]
Sind sie sicher?	Համոզվա՞ծ եք։ [hamozváts ek^h?]
Beruhigen Sie sich bitte!	Խնդրում եմ, հանգստացեք։ [xndrum em, hangstats^hék^h]
Ruhig!	Հանգի'ստ։ [hangíst!]
Machen Sie sich keine Sorgen	Մի անհանգստացեք։ [mi anhangstats^hék^h]
Alles wird gut.	Ամեն ինչ լավ կլինի։ [amén inč lav kliní]
Alles ist in Ordnung.	Ամեն ինչ կարգին է։ [amén inč kargín ē]

Kommen Sie bitte her.

Մոտեցեք, խնդրեմ:
[motetsʰékʰ, χndrem]

Ich habe einige Fragen für Sie.

Ես ձեզ մի քանի հարց ունեմ տալու:
[es dzez mi kʰaní hartsʰ uném talú]

Warten Sie einen Moment bitte.

Սպասեք, խնդրեմ:
[spasékʰ, χndrem]

Haben Sie einen Identifikationsnachweis?

Դուք փաստաթղթեր ունե՞ք:
[dukʰ pʰastatʰgtʰér unékʰ?]

Danke. Sie können nun gehen.

Շնորհակալություն:
Դուք կարող եք գնալ:
šnorhakalutʰjún.
dukʰ karóġ ekʰ gnal]

Hände hinter dem Kopf!

Ձերքերը գլխի հետև՛:
[dzerkʰérə glχi hetév]

Sie sind verhaftet!

Դուք ձերբակալվա՛ծ եք:
[dukʰ dzerbakalváts ekʰ]

Gesundheitsprobleme

Helfen Sie mir bitte.	Oգնեցեք, խնդրում եմ: [ognetsʰékʰ, xndrum em]
Mir ist schlecht.	Ես ինձ վատ եմ զգում: [es indz vat em zgum]
Meinem Ehemann ist schlecht.	Իմ ամուսինն իրեն վատ է զգում: [im amusínn irén vat é zgum]
Mein Sohn …	Իմ որդին … [im vordín …]
Mein Vater …	Իմ հայրն … [im hajrn …]

Meine Frau fühlt sich nicht gut.	Իմ կինն իրեն վատ է զգում: [im kinn irén vat é zgum]
Meine Tochter …	Իմ դուստրն … [im dustrn …]
Meine Mutter …	Իմ մայրն … [im majrn …]

Ich habe … schmerzen.	Իմ … ցավում է: [im … tsʰavúm é]
Kopf-	գլուխը [glúxə]
Hals-	կոկորդը [kokórdə]
Bauch-	փորը [pʰórə]
Zahn-	ատամը [atámə]

Mir ist schwindelig.	Գլուխս պտտվում է: [gluxs ptətvúm é]
Er hat Fieber.	Նա ջերմություն ունի: [na dʒermutʰjún uní]
Sie hat Fieber.	Նա ջերմություն ունի: [na dʒermutʰjún uní]
Ich kann nicht atmen.	Ես չեմ կարողանում շնչել: [es čem karoganúm šnčel]

Ich kriege keine Luft.	Խեղդվում եմ: [xegdvúm em]
Ich bin Asthmatiker.	Ես աստմահար եմ: [es astʰmahár em]
Ich bin Diabetiker /Diabetikerin/	Ես շաքարախտ ունեմ: [es šakʰaráxt uném]

Ich habe Schlaflosigkeit.

Ես անքնություն ունեմ:
[es ankʰnutʰjún uném]

Lebensmittelvergiftung

սննդային թունավորում
[snəndajín tʰunavorúm]

Es tut hier weh.

Այստեղ է ցավում:
[ajstég e tsʰavúm]

Hilfe!

Օգնեցե՛ք:
[ognetsʰékʰ!]

Ich bin hier!

Ես այստե՛ղ եմ:
[es ajstég em!]

Wir sind hier!

Մենք այստե՛ղ ենք:
[menkʰ ajstég enkʰ!]

Bringen Sie mich hier raus!

Հանե՛ք ինձ:
[hanékʰ indz]

Ich brauche einen Arzt.

Ինձ բժիշկ է պետք:
[indz bʒišk e petkʰ]

Ich kann mich nicht bewegen.

Ես չեմ կարողանում շարժվել:
[es čem karoğanúm šarʒvél]

Ich kann meine Beine nicht bewegen.

Ես չեմ զգում ոտքերս:
[es čem zgum votkʰérs]

Ich habe eine Wunde.

Ես վիրավոր եմ:
[es viravór em]

Ist es ernst?

Լո՞ւրջ:
[lurdʒ?]

Meine Dokumente sind in meiner Hosentasche.

Իմ փաստաթղթերը գրպանումս են:
[im pʰastatʰgtʰérə grpanúms en]

Beruhigen Sie sich!

Հանգստացե՛ք:
[hangstatsʰékʰ]

Kann ich Ihr Telefon benutzen?

Կարո՞ղ եմ զանգահարել:
[karóg em zangaharél?]

Rufen Sie einen Krankenwagen!

Շտապ օգնություն կանչեք:
[štap ognutʰjún kančékʰ]

Es ist dringend!

Սա շտա՛պ է:
[sa štap ē!]

Es ist ein Notfall!

Սա շա՛տ շտապ է:
[sa šat štap ē!]

Schneller bitte!

Արագացրեք, խնդրո՛ւմ եմ:
[aragatsʰrékʰ xndrúm em!]

Können Sie bitte einen Arzt rufen?

Բժիշկ կանչեք, խնդրում եմ:
[bʒišk kančékʰ, xndrum em]

Wo ist das Krankenhaus?

Ասացեք, որտե՞ղ է հիվանդանոցը:
[asatsʰékʰ, vortég ē hivandanótsʰə?]

Wie fühlen Sie sich?

Ինչպե՞ս եք ձեզ զգում:
[inčpés ekʰ dzez zgum?]

Ist bei Ihnen alles in Ordnung?

Ձեզ հետ ամեն ինչ կարգի՞ն է:
[dzez hēt amén inč kargín ē?]

Was ist passiert?

Ի՞նչ է պատահել:
[inč ē patahél?]

Mir geht es schon besser.	Ես արդեն ինձ լավ եմ զգում: [es ardén indz lav em zgum]
Es ist in Ordnung.	Ամեն ինչ կարգին է: [amén inč kargín ē]
Alles ist in Ordnung.	Ամեն ինչ լավ է: [amén inč lav ē]

In der Apotheke

Apotheke	դեղատուն [degatún]
24 Stunden Apotheke	շուրջօրյա դեղատուն [šurdžórjá degatún]
Wo ist die nächste Apotheke?	Որտե՞ղ է մոտակա դեղատունը: [vortég ē motaká degatúnə?]
Ist sie jetzt offen?	Այն հիմա բա՞ց է: [ajn híma batsʰ ē?]
Um wie viel Uhr öffnet sie?	Ժամը քանիսի՞ն է այն բացվում: [žámə kʰanisín ē ajn batsʰvúm?]
Um wie viel Uhr schließt sie?	Մինչև ո՞ր ժամն է այն աշխատում: [minčév vor žamn ē ajn ašχatúm?]
Ist es weit?	Դա հեռո՞ւ է: [da hērú ē?]
Kann ich dort zu Fuß hingehen?	Ես կհասնե՞մ այնտեղ ոտքով: [es khasném ajntég votkʰóv?]
Können Sie es mir auf der Karte zeigen?	Ցույց տվեք ինձ քարտեզի վրա, խնդրում եմ: tsʰujtsʰ tvekʰ indz kartezí vra, χndrum em]
Bitte geben sie mir etwas gegen …	Տվեք ինձ ինչ-որ բան … համար: [tvekʰ indz ínč-vor ban … hamár]
Kopfschmerzen	գլխացավի [glχatsʰaví]
Husten	հազի [hazí]
eine Erkältung	մրսածության [mrsatsutʰján]
die Grippe	հարբուխի [harbuχí]
Fieber	ջերմության [džermutʰján]
Magenschmerzen	փորացավի [pʰoratsʰaví]
Übelkeit	սրտխառնոցի [srtχarnotsʰí]
Durchfall	լուծի [lutsí]
Verstopfung	փորկապության [pʰorkaputʰján]

Rückenschmerzen	մեջքի ցավ [medʒkʰí tsʰav]
Brustschmerzen	կրծքի ցավ [krtskʰí tsʰav]
Seitenstechen	կողացավ [kogatsʰáv]
Bauchschmerzen	փորացավ [pʰoratsʰáv]
Pille	հաբ [hab]
Salbe, Creme	քսուք, կրեմ [kʰsukʰ, krem]
Sirup	օշարակ [ošarák]
Spray	սփրեյ [spʰrej]
Tropfen	կաթիլներ [katʰilnér]
Sie müssen ins Krankenhaus gehen.	Դուք պետք է հիվանդանոց գնաք: [dukʰ petkʰ ē hivandanótsʰ gnakʰ]
Krankenversicherung	ապահովագրություն [apahovagrutʰjún]
Rezept	դեղատոմս [degatóms]
Insektenschutzmittel	միջատների դեմ միջոց [midʒatneri dem midʒótsʰ]
Pflaster	լեյկոսպեղանի [lejkospeganí]

Das absolute Minimum

Entschuldigen Sie bitte, …   Ներեցեք, …
[neretshékh, …]

Hallo.   Բարև Ձեզ։
[barév dzez]

Danke.   Շնորհակալություն։
[šnorhakaluthjún]

Auf Wiedersehen.   Ցտեսություն։
[tshtesuthjún]

Ja.   Այո։
[ajó]

Nein.   Ոչ։
[voč]

Ich weiß nicht.   Ես չգիտեմ։
[es čgitém]

Wo? | Wohin? | Wann?   Ո՞րտեղ։ | Ո՞ւր։ | Ե՞րբ։
[vórteg? | ur? | erb?]

Ich brauche …   Ինձ հարկավոր է …
[indz harkavór e …]

Ich möchte …   Ես ուզում եմ …
[es uzúm em …]

Haben Sie …?   Դուք ունե՞ք …։
[dukh unékh …?]

Gibt es hier …?   Այստեղ կա՞ …։
[ajstég ka …?]

Kann ich …?   Ես կարո՞ղ եմ …։
[es karóg em …?]

Bitte (anfragen)   Խնդրում եմ
[xndrum em]

Ich suche …   Ես փնտրում եմ …
[es phntrum em …]

die Toilette   զուգարան
[zugarán]

den Geldautomat   բանկոմատ
[bankomát]

die Apotheke   դեղատուն
[degatún]

das Krankenhaus   հիվանդանոց
[hivandanótsh]

die Polizeistation   ոստիկանության բաժանմունք
[vostikanuthján bažanmúnkh]

die U-Bahn   մետրո
[metró]

das Taxi	տաքսի [tak^hsí]
den Bahnhof	կայարան [kajarán]

Ich heiße …	Իմ անունը … է: [im anúnə … ē]
Wie heißen Sie?	Ձեր անունն ի՞նչ է? [dźer anúnn ínč ē?]
Helfen Sie mir bitte.	Օգնեցեք ինձ, խնդրեմ: [ognets^hék^h indz, χndrem]
Ich habe ein Problem.	Ես խնդիր ունեմ: [es χndir uném]
Mir ist schlecht.	Ես ինձ վատ եմ զգում: [es indz vat em zgum]
Rufen Sie einen Krankenwagen!	Շտապ օգնություն կանչեք: [štap ognut^hjún kančék^h]
Darf ich telefonieren?	Կարո՞ղ եմ զանգահարել: [karóġ em zangaharél?]

Entschuldigung.	Ներեցեք [nerets^hék^h]
Keine Ursache.	Խնդրեմ [χndrem]

ich	Ես [es]
du	դու [du]
er	նա [na]
sie	նա [na]
sie (Pl, Mask.)	նրանք [nrank^h]
sie (Pl, Fem.)	նրանք [nrank^h]
wir	մենք [menk^h]
ihr	դուք [duk^h]
Sie	Դուք [nrank^h]

EINGANG	ՄՈՒՏՔ [mutk^h]
AUSGANG	ԵԼՔ [elk^h]
AUßER BETRIEB	ՉԻ ԱՇԽԱՏՈՒՄ [či ašχatúm]
GESCHLOSSEN	ՓԱԿ Է [p^hak ē]

OFFEN

ԲԱՑ Է
[baʦʰ ē]

FÜR DAMEN

ԿԱՆԱՆՑ ՀԱՄԱՐ
[kanánʦʰ hamár]

FÜR HERREN

ՏՂԱՄԱՐԴԿԱՆՑ ՀԱՄԱՐ
[tġamardkánʦʰ hamár]

AKTUELLES VOKABULAR

Dieser Teil beinhaltet mehr als 3.000 der wichtigsten Wörter. Das Wörterbuch wird Ihnen wertvolle Unterstützung während Ihrer Reise bieten, weil einzelne, häufig benutzte Wörter genug sind, damit Sie verstanden werden. Das Wörterbuch beinhaltet eine praktische Transkription jedes Fremdworts

T&P Books Publishing

INHALT WÖRTERBUCH

T&P Books Publishing

T&P BOOKS

GRUNDBEGRIFFE

T&P Books Publishing

ich	Ես	[es]
du	դու	[du]
er, sie, es	նա	[na]
wir	մենք	[menkʰ]
ihr	դուք	[dukʰ]
sie	նրանք	[nrankʰ]

Hallo! (ugs.)	Բարև́	[barév]
Hallo! (Amtsspr.)	Բարև́ ձեզ	[barév dzéz!]
Guten Morgen!	Բարի լո́յս	[barí lújs!]
Guten Tag!	Բարի օ́ր	[barí ór!]
Guten Abend!	Բարի երեկո́	[barí jerekó!]
grüßen (vi, vt)	բարևել	[barevél]
Hallo! (ugs.)	Ողջո́ւյն	[voɡdʒújn!]
Gruß (m)	ողջույն	[voɡdʒújn]
begrüßen (vt)	ողջունել	[voɡdʒunél]
Wie geht's?	Ո́նց են գործերդ	[vontsʰ en gortsérd?]
Was gibt es Neues?	Ի՞նչ նորություն	[inč norutʰjún?]
Auf Wiedersehen!	Ցտեսություն	[tsʰtesutʰjún!]
Bis bald!	Մինչ նոր հանդիպո́ւմ	[mínč nór handipúm!]
Lebe wohl!	Մնաս բարո́վ	[mnas baróv!]
Leben Sie wohl!	Մնաք բարո́վ	[mnakʰ baróv!]
sich verabschieden	հրաժեշտ տալ	[hraʒéšt tál]
Tschüs!	Առա́յժմ	[arájʒm!]
Danke!	Շնորհակալություն	[šnorhakalutʰjún!]
Dankeschön!	Շատ շնորհակա́լ եմ	[šat šnorhakál em!]
Bitte (Antwort)	Խնդրեմ	[χndrem]
Keine Ursache.	Հող չէ	[hog čē]
Nichts zu danken.	չարժէ	[čarʒé]
Entschuldige!	Ներողություն	[neroɡutʰjún!]
Entschuldigung!	Ներեցե́ք	[neretsʰékʰ!]
entschuldigen (vt)	ներել	[nerél]
sich entschuldigen	ներողություն խնդրել	[neroɡutʰjún χndrél]
Verzeihung!	Ներեցեք	[neretsʰékʰ]

Es tut mir leid!	Ներեցե՛ք	[nerets'ék'!]
verzeihen (vt)	ներել	[nerél]
bitte (Die Rechnung, ~!)	խնդրում եմ	[xndrúm em]
Nicht vergessen!	Չմոռանա՛ք	[čmoranák'!]
Natürlich!	Իհա՛րկե	[ihárke!]
Natürlich nicht!	Իհարկե ո՛չ	[ihárke voč!]
Gut! Okay!	Համաձա՛յն եմ	[hamadzájn em!]
Es ist genug!	Բավական է	[bavakán ē!]

3. Fragen

Wer?	Ո՞վ	[ov?]
Was?	Ի՞նչ	[inč?]
Wo?	Որտե՞ղ	[vortég?]
Wohin?	Ո՞ւր	[ur?]
Woher?	Որտեղի՞ց	[vorteġíts'?]
Wann?	Ե՞րբ	[erb?]
Wozu?	Ինչո՞ւ	[inčú?]
Warum?	Ինչո՞ւ	[inčú?]
Wofür?	Ինչի՞ համար	[inčí hamár?]
Wie?	Ինչպե՞ս	[inčpés?]
Welcher?	Ինչպիսի՞	[inčpisí?]
Wem?	Ո՞ւմ	[um?]
Über wen?	Ո՞ւմ մասին	[úm masín?]
Wovon? (~ sprichst du?)	Ինչի՞ մասին	[inčí masín?]
Mit wem?	Ո՞ւմ հետ	[úm het?]
Wie viel? Wie viele?	քանի՞	[k'aní?]
Wessen?	Ո՞ւմ	[um?]

4. Präpositionen

mit (Frau ~ Katzen)	... հետ	[... het]
ohne (~ Dich)	առանց	[aránts']
nach (~ London)	մեջ	[medʒ]
über	մասին	[masín]
(~ Geschäfte sprechen)		
vor (z.B. ~ acht Uhr)	առաջ	[arádʒ]
vor (z.B. ~ dem Haus)	առաջ	[arádʒ]
unter (~ dem Schirm)	տակ	[tak]
über	վերևում	[verevúm]
(~ dem Meeresspiegel)		
auf (~ dem Tisch)	վրա	[vra]
aus (z.B. ~ München)	... ից	[... its']

aus (z.B. ~ Porzellan)	... ից	[... its^h]
in (~ zwei Tagen)	... անց	[... ants^h]
über (~ zaun)	միջով	[midʒóv]

5. Funktionswörter. Adverbien. Teil 1

Wo?	Որտե՞ղ	[vortéġ?]
hier	այստեղ	[ajstéġ]
dort	այնտեղ	[ajntéġ]

irgendwo	որևէ տեղ	[vorevē teġ]
nirgends	ոչ մի տեղ	[voč mi teġ]

an (bei)	... մոտ	[... mot]
am Fenster	պատուհանի մոտ	[patuhaní mót]

Wohin?	Ո՞ւր	[ur?]
hierher	այստեղ	[ajstéġ]
dahin	այնտեղ	[ajntéġ]
von hier	այստեղից	[ajstegíts^h]
von da	այնտեղից	[ajnteġíts^h]

nah (Adv)	մոտ	[mot]
weit, fern (Adv)	հեռու	[herú]

in der Nähe von ...	մոտ	[mot]
in der Nähe	մոտակայքում	[motakajk^húm]
unweit (~ unseres Hotels)	մոտիկ	[motík]

link (Adj)	ձախ	[dzaχ]
links (Adv)	ձախ կողմից	[dzaχ koġmíts^h]
nach links	դեպի ձախ	[depí dzaχ]

recht (Adj)	աջ	[adʒ]
rechts (Adv)	աջ կողմից	[adʒ koġmíts^h]
nach rechts	դեպի աջ	[depí adʒ]

vorne (Adv)	առջևից	[ardʒevíts^h]
Vorder-	առջևի	[ardʒeví]
vorwärts	առաջ	[arádʒ]

hinten (Adv)	հետևում	[hetevúm]
von hinten	հետևից	[hetevíts^h]
rückwärts (Adv)	հետ	[het]

Mitte (f)	մեջտեղ	[medʒtéġ]
in der Mitte	մեջտեղում	[medʒteġúm]

seitlich (Adv)	կողքից	[koġk^híts^h]
überall (Adv)	ամենուր	[amenúr]

ringsherum (Adv)	շուրջը	[šúrdʒə]
von innen (Adv)	միջից	[midʒítsʰ]
irgendwohin (Adv)	որևէ տեղ	[vorevē teǵ]
geradeaus (Adv)	ուղիղ	[uǵíǵ]
zurück (Adv)	ետ	[et]
irgendwoher (Adv)	որևէ տեղից	[vorevē teǵítsʰ]
von irgendwo (Adv)	ինչ-որ տեղից	[inč vor teǵítsʰ]
erstens	առաջինը	[aradʒínə]
zweitens	երկրորդը	[erkrórdə]
drittens	երրորդը	[errórdə]
plötzlich (Adv)	հանկարծակի	[hankartsáki]
zuerst (Adv)	սկզբում	[skzbum]
zum ersten Mal	առաջին անգամ	[aradʒín angám]
lange vor…	… շատ առաջ	[… šat arádʒ]
von Anfang an	կրկին	[krkin]
für immer	ընդմիշտ	[əndmíšt]
nie (Adv)	երբեք	[erbékʰ]
wieder (Adv)	նորից	[norítsʰ]
jetzt (Adv)	այժմ	[ajʒm]
oft (Adv)	հաճախ	[hačáχ]
damals (Adv)	այն ժամանակ	[ajn ʒamanák]
dringend (Adv)	շտապ	[štap]
gewöhnlich (Adv)	սովորաբար	[sovorabár]
übrigens, …	ի դեպ, …	[i dep …]
möglicherweise (Adv)	հնարավոր է	[hnaravór ē]
wahrscheinlich (Adv)	հավանաբար	[havanabár]
vielleicht (Adv)	միգուցե	[migutsʰé]
außerdem …	բացի այդ, …	[batsʰí ájd …]
deshalb …	այդ պատճառով	[ajd patčaróv]
trotz …	չնայած …	[čnajáts …]
dank …	շնորհիվ …	[šnorhív …]
was (~ ist denn?)	ինչ	[inč]
das (~ ist alles)	որ	[vor]
etwas	ինչ-որ բան	[inč vor bán]
irgendwas	որևէ բան	[vórevē ban]
nichts	ոչ մի բան	[voč mi ban]
wer (~ ist ~?)	ով	[ov]
jemand	ինչ-որ մեկը	[inč vor mékə]
irgendwer	որևէ մեկը	[vórevē mékə]
niemand	ոչ մեկ	[voč mek]
nirgends	ոչ մի տեղ	[voč mi teǵ]
niemandes (~ Eigentum)	ոչ մեկինը	[voč mekínə]
jemandes	որևէ մեկինը	[vórevē mekínə]
so (derart)	այնպես	[ajnpés]

| auch | նմանապես | [nmanapés] |
| ebenfalls | նույնպես | [nújnpes] |

6. Funktionswörter. Adverbien. Teil 2

Warum?	Ինչո՞ւ	[inčú?]
aus irgendeinem Grund	չգիտես ինչու	[čgités inčú]
weil ...	որովհետև, ...	[vorovhetév …]
zu irgendeinem Zweck	ինչ-որ նպատակով	[inč vor npatakóv]

und	և	[ev]
oder	կամ	[kam]
aber	բայց	[bajtsʰ]
für (präp)	համար	[hamár]

zu (~ viele)	չափազանց	[čapʰazántsʰ]
nur (~ einmal)	միայն	[miájn]
genau (Adv)	ճիշտ	[čišt]
etwa	մոտ	[mot]

ungefähr (Adv)	մոտավորապես	[motavorapés]
ungefähr (Adj)	մոտավոր	[motavór]
fast	գրեթե	[grétʰe]
Übrige (n)	մնացածը	[mnatsʰátsə]

jeder (~ Mann)	յուրաքանչյուր	[jurakʰančjúr]
beliebig (Adj)	ցանկացած	[tsankatsʰáts]
viel	շատ	[šat]
viele Menschen	շատերը	[šatérə]
alle (wir ~)	բոլորը	[bolórə]

im Austausch gegen ...	ի փոխարեն ...	[i pʰoχarén …]
dafür (Adv)	փոխարեն	[pʰoχarén]
mit der Hand (Hand-)	ձեռքով	[dzerkʰóv]
schwerlich (Adv)	հազիվ թե	[hazív tʰe]

wahrscheinlich (Adv)	երևի	[ereví]
absichtlich (Adv)	դիտմամբ	[ditmámb]
zufällig (Adv)	պատահաբար	[patahabár]

sehr (Adv)	շատ	[šat]
zum Beispiel	օրինակ	[orinák]
zwischen	միջև	[midʒév]
unter (Wir sind ~ Mördern)	միջավայրում	[midʒavajrúm]
so viele (~ Ideen)	այնքան	[ajnkʰán]
besonders (Adv)	հատկապես	[hatkapés]

T&P BOOKS

ZAHLEN. VERSCHIEDENES

T&P Books Publishing

null	զրո	[zro]
eins	մեկ	[mek]
zwei	երկու	[erkú]
drei	երեք	[erékʰ]
vier	չորս	[čors]
fünf	հինգ	[hing]
sechs	վեց	[vetsʰ]
sieben	յոթ	[jotʰ]
acht	ութ	[utʰ]
neun	ինը	[ínə]
zehn	տաս	[tas]
elf	տասնմեկ	[tasnmék]
zwölf	տասներկու	[tasnerkú]
dreizehn	տասներեք	[tasnerékʰ]
vierzehn	տասնչորս	[tasnčórs]
fünfzehn	տասնհինգ	[tasnhíng]
sechzehn	տասնվեց	[tasnvétsʰ]
siebzehn	տասնյոթ	[tasnjótʰ]
achtzehn	տասնութ	[tasnútʰ]
neunzehn	տասնինը	[tasnínə]
zwanzig	քսան	[kʰsan]
einundzwanzig	քսանմեկ	[kʰsanmék]
zweiundzwanzig	քսաներկու	[kʰsanerkú]
dreiundzwanzig	քսաներեք	[ksanerékʰ]
dreißig	երեսուն	[eresún]
einunddreißig	երեսունմեկ	[eresunmék]
zweiunddreißig	երեսուներկու	[eresunerkú]
dreiunddreißig	երեսուներեք	[eresunerékʰ]
vierzig	քառասուն	[kʰarasún]
einundvierzig	քառասունմեկ	[kʰarasunmék]
zweiundvierzig	քառասուներկու	[kʰarasunerkú]
dreiundvierzig	քառասուներեք	[karasunerékʰ]
fünfzig	հիսուն	[hisún]
einundfünfzig	հիսունմեկ	[hisunmék]
zweiundfünfzig	հիսուներկու	[hisunerkú]
dreiundfünfzig	հիսուներեք	[hisunerékʰ]
sechzig	վաթսուն	[vatʰsún]

einundsechzig	վաթսունմեկ	[vatʰsunmék]
zweiundsechzig	վաթսուներկու	[vatʰsunerkú]
dreiundsechzig	վաթսուներեք	[vatʰsunerékʰ]
siebzig	յոթանասուն	[jotʰanasún]
einundsiebzig	յոթանասունմեկ	[jotʰanasunmék]
zweiundsiebzig	յոթանասուներկու	[jotʰanasunerkú]
dreiundsiebzig	յոթանասուներեք	[jotʰanasunerékʰ]
achtzig	ութսուն	[utʰsún]
einundachtzig	ութսունմեկ	[utʰsunmék]
zweiundachtzig	ութսուներկու	[utʰsunerkú]
dreiundachtzig	ութսուներեք	[utʰsunerékʰ]
neunzig	իննսուն	[innsún]
einundneunzig	իննսունմեկ	[innsunmék]
zweiundneunzig	իննսուներկու	[innsunerkú]
dreiundneunzig	իննսուներեք	[innsunerékʰ]

8. Grundzahlen. Teil 2

einhundert	հարյուր	[harjúr]
zweihundert	երկու հարյուր	[erkú harjúr]
dreihundert	երեք հարյուր	[erékʰ harjúr]
vierhundert	չորս հարյուր	[čórs harjúr]
fünfhundert	հինգ հարյուր	[hiŋg harjúr]
sechshundert	վեց հարյուր	[vetsʰ harjúr]
siebenhundert	յոթ հարյուր	[joːʰ harjúr]
achthundert	ութ հարյուր	[utʰ harjúr]
neunhundert	ինը հարյուր	[ínə harjúr]
eintausend	հազար	[hazár]
zweitausend	երկու հազար	[erkú hazár]
dreitausend	երեք հազար	[erékʰ hazár]
zehntausend	տաս հազար	[tas hazár]
hunderttausend	հարյուր հազար	[harjúr hazár]
Million (f)	միլիոն	[milión]
Milliarde (f)	միլիարդ	[miliárd]

9. Ordnungszahlen

der erste	առաջին	[aradʒín]
der zweite	երկրորդ	[erkrórd]
der dritte	երրորդ	[errórd]
der vierte	չորրորդ	[čorrórd]
der fünfte	հինգերորդ	[híngerord]
der sechste	վեցերորդ	[vétsʰerord]

der siebte	յոթերորդ	[jótʰerord]
der achte	ութերորդ	[útʰerord]
der neunte	իններորդ	[ínnerord]
der zehnte	տասներորդ	[tásnerord]

FARBEN. MASSEINHEITEN

T&P Books Publishing

Farbe (f)	գույն	[gujn]
Schattierung (f)	երանգ	[eráng]
Farbton (m)	գուներանգ	[guneráng]
Regenbogen (m)	ծիածան	[tsiatsán]

weiß	սպիտակ	[spiták]
schwarz	սև	[sev]
grau	մոխրագույն	[moxragújn]

grün	կանաչ	[kanáč]
gelb	դեղին	[deǵín]
rot	կարմիր	[karmír]
blau	կապույտ	[kapújt]
hellblau	երկնագույն	[erknagújn]
rosa	վարդագույն	[vardagújn]
orange	նարնջագույն	[narndʒagújn]
violett	մանուշակագույն	[manušakagújn]
braun	շագանակագույն	[šaganakagújn]

golden	ոսկե	[voské]
silbrig	արծաթագույն	[artsatʰagújn]
beige	բեժ	[beʒ]
cremefarben	կրեմագույն	[kremagújn]
türkis	փիրուզագույն	[pʰiruzagújn]
kirschrot	բալագույն	[balagújn]
lila	բաց մանուշակագույն	[batsʰ manušakagújn]
himbeerrot	մորեգույն	[moregújn]

hell	բաց	[batsʰ]
dunkel	մուգ	[mug]
grell	վառ	[var]

Farb- (z.B. -stifte)	գունավոր	[gunavór]
Farb- (z.B. -film)	գունավոր	[gunavór]
schwarz-weiß	սև ու սպիտակ	[sev u spiták]
einfarbig	միագույն	[miagújn]
bunt	գույնզգույն	[gujnzgújn]

| Gewicht (n) | քաշ | [kʰaš] |
| Länge (f) | երկարություն | [erkarutʰjún] |

Breite (f)	լայնություն	[lajnutʰjún]
Höhe (f)	բարձրություն	[bardzrutʰjún]
Tiefe (f)	խորություն	[χorutʰjún]
Volumen (n)	ծավալ	[ʦavál]
Fläche (f)	մակերես	[makerés]
Gramm (n)	գրամ	[gram]
Milligramm (n)	միլիգրամ	[miligrám]
Kilo (n)	կիլոգրամ	[kilográm]
Tonne (f)	տոննա	[tónna]
Pfund (n)	ֆունտ	[funt]
Unze (f)	ունցիա	[únʦʰia]
Meter (m)	մետր	[metr]
Millimeter (m)	միլիմետր	[milimétr]
Zentimeter (m)	սանտիմետր	[santimétr]
Kilometer (m)	կիլոմետր	[kilométr]
Meile (f)	մղոն	[mġon]
Zoll (m)	դյույմ	[djujm]
Fuß (m)	ֆուտ	[futʰ]
Yard (n)	յարդ	[jard]
Quadratmeter (m)	քառակուսի մետր	[kʰarakusí métr]
Hektar (n)	հեկտար	[hektár]
Liter (m)	լիտր	[litr]
Grad (m)	աստիճան	[astičán]
Volt (n)	վոլտ	[volt]
Ampere (n)	ամպեր	[ampér]
Pferdestärke (f)	ձիաուժ	[dziaúʒ]
Anzahl (f)	քանակ	[kʰanák]
etwas …	մի փոքր …	[mi pʰokʰr …]
Hälfte (f)	կես	[kes]
Dutzend (n)	դյուժին	[djuʒín]
Stück (n)	հատ	[hat]
Größe (f)	չափս	[čapʰs]
Maßstab (m)	մասշտաբ	[masštáb]
minimal (Adj)	նվազագույն	[nvazagújn]
der kleinste	փոքրագույն	[pʰokʰragújn]
mittler, mittel-	միջին	[miʤín]
maximal (Adj)	առավելագույն	[aravelagújn]
der größte	մեծագույն	[meʦagújn]

12. Behälter

Glas (Einmachglas)	բանկա	[banká]
Dose (z.B. Bierdose)	տարա	[tará]

Eimer (m)	դույլ	[dujl]
Fass (n), Tonne (f)	տակառ	[takár]
Waschschüssel (n)	թաս	[tʰas]
Tank (m)	բաք	[bakʰ]
Flachmann (m)	տափակաշիշ	[tapʰakašíš]
Kanister (m)	թիթեղ	[tʰitʰéġ]
Zisterne (f)	ցիստերն	[tsʰistérn]
Kaffeebecher (m)	գավաթ	[gaváthʰ]
Tasse (f)	բաժակ	[baʒák]
Untertasse (f)	պնակ	[pnak]
Wasserglas (n)	բաժակ	[baʒák]
Weinglas (n)	գավաթ	[gaváthʰ]
Kochtopf (m)	կաթսա	[katʰsá]
Flasche (f)	շիշ	[šiš]
Flaschenhals (m)	բերան	[berán]
Karaffe (f)	գրաֆին	[grafín]
Tonkrug (m)	սափոր	[sapʰór]
Gefäß (n)	անոթ	[anóthʰ]
Tontopf (m)	կճուճ	[kčuč]
Vase (f)	վազա	[váza]
Flakon (n)	սրվակ	[srvak]
Fläschchen (n)	սրվակիկ	[srvakík]
Tube (z.B. Zahnpasta)	պարկուճ	[parkúč]
Sack (~ Kartoffeln)	պարկ	[park]
Tüte (z.B. Plastiktüte)	տոպրակ	[toprák]
Schachtel (z.B. Zigaretten~)	տուփ	[tupʰ]
Karton (z.B. Schuhkarton)	տուփ	[tupʰ]
Kiste (z.B. Bananenkiste)	դարակ	[darák]
Korb (m)	զամբյուղ	[zambjúġ]

DIE WICHTIGSTEN VERBEN

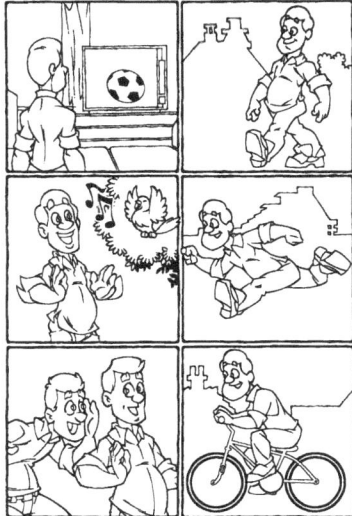

T&P Books Publishing

abbiegen (nach links ~)	թեքվել	[tʰekʰvél]
abschicken (vt)	ուղարկել	[uġarkél]
ändern (vt)	փոխել	[pʰoχél]
andeuten (vt)	ակնարկել	[aknarkél]
Angst haben	վախենալ	[vaχenál]
ankommen (vi)	ժամանել	[ʒamanél]
antworten (vi)	պատասխանել	[patasχanél]
arbeiten (vi)	աշխատել	[ašχatél]
auf ... zählen	հույս դնել ... վրա	[hujs dnel ... vra]
aufbewahren (vt)	պահպանել	[pahpanél]
aufschreiben (vt)	գրառել	[grarél]
ausgehen (vi)	դուրս գալ	[durs gal]
aussprechen (vt)	արտասանել	[artasanél]
bedauern (vt)	ափսոսալ	[apʰsosál]
bedeuten (vt)	նշանակել	[nšanakél]
beenden (vt)	ավարտել	[avartél]
befehlen (Milit.)	հրամայել	[hramajél]
befreien (Stadt usw.)	ազատագրել	[azatagrél]
beginnen (vt)	սկսել	[sksel]
bemerken (vt)	նկատել	[nkatél]
beobachten (vt)	հետևել	[hetevél]
berühren (vt)	ձեռք տալ	[dzérkʰ tal]
besitzen (vt)	ունենալ	[unenál]
besprechen (vt)	քննարկել	[kʰnnarkél]
bestehen auf	պնդել	[pndel]
bestellen (im Restaurant)	պատվիրել	[patvirél]
bestrafen (vt)	պատժել	[patʒél]
beten (vi)	աղոթել	[aġotʰél]
bitten (vt)	խնդրել	[χndrel]
brechen (vt)	կոտրել	[kotrél]
denken (vi, vt)	մտածել	[mtatsél]
drohen (vi)	սպառնալ	[sparnál]
Durst haben	ուզենալ խմել	[uzenál χmel]
einladen (vt)	հրավիրել	[hravirél]
einstellen (vt)	դադարեցնել	[dadaretsʰnél]
einwenden (vt)	հակաճառել	[hakačarél]
empfehlen (vt)	երաշխավորել	[erašχavorél]
erklären (vt)	բացատրել	[batsʰatrél]

erlauben (vt)	թույլատրել	[tʰujlatrél]
ermorden (vt)	սպանել	[spanél]
erwähnen (vt)	հիշատակել	[hišatakél]
existieren (vi)	գոյություն ունենալ	[gojutʰjún unenál]

14. Die wichtigsten Verben. Teil 2

fallen (vi)	ընկնել	[ənknél]
fallen lassen	վայր գցել	[vájr gtsʰel]
fangen (vt)	բռնել	[brnel]
finden (vt)	գտնել	[gtnel]
fliegen (vi)	թռչել	[tʰrčel]

folgen (Folge mir!)	գնալ ... հետևից	[gnal ... hetevítsʰ]
fortsetzen (vt)	շարունակել	[šarunakél]
fragen (vt)	հարցնել	[hartsʰnél]
frühstücken (vi)	նախաճաշել	[naχačašél]
geben (vt)	տալ	[tal]

gefallen (vi)	դուր գալ	[dur gal]
gehen (zu Fuß gehen)	գնալ	[gnal]
gehören (vi)	պատկանել	[patkanél]
graben (vt)	փորել	[pʰorél]

haben (vt)	ունենալ	[unenál]
helfen (vi)	օգնել	[ognél]
herabsteigen (vi)	իջնել	[idʒnél]
hereinkommen (vi)	մտնել	[mtnel]

hoffen (vi)	հուսալ	[husál]
hören (vt)	լսել	[lsel]
hungrig sein	ուզենալ ուտել	[uzenál utél]
informieren (vt)	տեղեկացնել	[teġekatsʰnél]
jagen (vi)	որս անել	[vors anél]

kennen (vt)	ճանաչել	[čanačél]
klagen (vi)	գանգատվել	[gangatvél]
können (v mod)	կարողանալ	[karoġanál]
kontrollieren (vt)	վերահսկել	[verahskél]
kosten (vt)	արժենալ	[arʒenál]

kränken (vt)	վիրավորել	[viravorél]
lächeln (vi)	ժպտալ	[ʒptal]
lachen (vi)	ծիծաղել	[tsitsaġél]
laufen (vi)	վազել	[vazél]
leiten (Betrieb usw.)	ղեկավարել	[ġekavarél]

lernen (vt)	ուսումնասիրել	[usumnasirél]
lesen (vi, vt)	կարդալ	[kardál]
lieben (vt)	սիրել	[sirél]

machen (vt)	անել	[anél]
mieten (Haus usw.)	վարձել	[vardzél]
nehmen (vt)	վերցնել	[vertsʰnél]
noch einmal sagen	կրկնել	[krknel]
nötig sein	պետք լինել	[pétkʰ linél]
öffnen (vt)	բացել	[batsʰél]

15. Die wichtigsten Verben. Teil 3

planen (vt)	պլանավորել	[planavorél]
prahlen (vi)	պարծենալ	[partsenál]
raten (vt)	խորհուրդ տալ	[χorhúrd tal]
rechnen (vt)	հաշվել	[hašvél]
reservieren (vt)	ամրագրել	[amragrél]

retten (vt)	փրկել	[pʰrkel]
richtig raten (vt)	գուշակել	[gušakél]
rufen (um Hilfe ~)	կանչել	[kančél]
sagen (vt)	ասել	[asél]
schaffen (Etwas Neues zu ~)	ստեղծել	[steǵtsél]

schelten (vt)	կշտամբել	[kštambél]
schießen (vi)	կրակել	[krakél]
schmücken (vt)	զարդարել	[zardarél]
schreiben (vi, vt)	գրել	[grel]
schreien (vi)	բղավել	[bǧavél]

| schweigen (vi) | լռել | [lrel] |
| schwimmen (vi) | լողալ | [loǵál] |

| schwimmen gehen | լողալ | [loǵál] |
| sehen (vi, vt) | տեսնել | [tesnél] |

sein (vi)	լինել	[linél]
sich beeilen	շտապել	[štapél]
sich entschuldigen	ներողություն խնդրել	[neroǧutʰjún χndrél]

sich interessieren	հետաքրքրվել	[hetakʰrkʰrvél]
sich irren	սխալվել	[sχalvél]
sich setzen	նստել	[nstel]

| sich weigern | հրաժարվել | [hraʒarvél] |
| spielen (vi, vt) | խաղալ | [χaǵál] |

sprechen (vi)	խոսել	[χosél]
staunen (vi)	զարմանալ	[zarmanál]
stehlen (vt)	գողանալ	[goǧanál]
stoppen (vt)	կանգ առնել	[káng arnél]
suchen (vt)	փնտրել	[pʰntrel]

16. Die wichtigsten Verben. Teil 4

täuschen (vt)	խաբել	[xabél]
teilnehmen (vi)	մասնակցել	[masnaktsʰél]
übersetzen (Buch usw.)	թարգմանել	[tʰargmanél]
unterschätzen (vt)	թերագնահատել	[tʰeragnahatél]
unterschreiben (vt)	ստորագրել	[storagrél]
vereinigen (vt)	միավորել	[miavorél]
vergessen (vt)	մոռանալ	[moranál]
vergleichen (vt)	համեմատել	[hamematél]
verkaufen (vt)	վաճառել	[vačarél]
verlangen (vt)	պահանջել	[pahandʒél]
versäumen (vt)	բաց թողնել	[batsʰ tʰoġnél]
versprechen (vt)	խոստանալ	[xostanál]
verstecken (vt)	թաքցնել	[tʰakʰtsʰnél]
verstehen (vt)	հասկանալ	[haskanál]
versuchen (vt)	փորձել	[pʰordzél]
verteidigen (vt)	պաշտպանել	[paštpanél]
vertrauen (vi)	վստահել	[vstahél]
verwechseln (vt)	շփոթել	[špʰotʰél]
verzeihen (vt)	ներել	[nerél]
voraussehen (vt)	կանխատեսել	[kanxatesél]
vorschlagen (vt)	առաջարկել	[aradʒarkél]
vorziehen (vt)	նախընտրել	[naxəntrél]
wählen (vt)	ընտրել	[əntrél]
warnen (vt)	զգուշացնել	[zgušatsʰnél]
warten (vi)	սպասել	[spasél]
weinen (vi)	լացել	[latsʰél]
wissen (vt)	իմանալ	[imanál]
Witz machen	կատակել	[katakél]
wollen (vt)	ուզենալ	[uzenál]
zahlen (vt)	վճարել	[včarél]
zeigen (jemandem etwas)	ցույց տալ	[tsʰújtsʰ tal]
zu Abend essen	ընթրել	[əntʰrél]
zu Mittag essen	ճաշել	[čašél]
zubereiten (vt)	պատրաստել	[patrastél]
zustimmen (vi)	համաձայնվել	[hamadzajnvél]
zweifeln (vi)	կասկածել	[kaskatsél]

T&P BOOKS

ZEIT. KALENDER

T&P Books Publishing

Montag (m)	երկուշաբթի	[erkušabt{}ʰí]
Dienstag (m)	երեքշաբթի	[erekʰšabtʰí]
Mittwoch (m)	չորեքշաբթի	[čorekʰšabtʰí]
Donnerstag (m)	հինգշաբթի	[hingšabtʰí]
Freitag (m)	ուրբաթ	[urbátʰ]
Samstag (m)	շաբաթ	[šabátʰ]
Sonntag (m)	կիրակի	[kirakí]

heute	այսօր	[ajsór]
morgen	վաղը	[váɣə]
übermorgen	վաղը չէ մյուս օրը	[váɣə čē mjus órə]
gestern	երեկ	[erék]
vorgestern	նախանցյալ օրը	[naχantsʰjál órə]

Tag (m)	օր	[or]
Arbeitstag (m)	աշխատանքային օր	[ašχatankʰajín or]
Feiertag (m)	տոնական օր	[tonakán or]
freier Tag (m)	հանգստյան օր	[hangstján ór]
Wochenende (n)	շաբաթ, կիրակի	[šabátʰ, kirakí]

den ganzen Tag	ամբողջ օր	[ambóǰ ór]
am nächsten Tag	մյուս օրը	[mjus órə]
zwei Tage vorher	երկու օր առաջ	[erkú or aráǰ]
am Vortag	նախորդ օրը	[naχórd órə]
täglich (Adj)	ամենօրյա	[amenorjá]
täglich (Adv)	ամեն օր	[amén or]

Woche (f)	շաբաթ	[šabátʰ]
letzte Woche	անցյալ շաբաթ	[antsʰjál šabátʰ]
nächste Woche	հաջորդ շաբաթ	[haǰórt shabát]
wöchentlich (Adj)	շաբաթական	[šabatʰakán]
wöchentlich (Adv)	շաբաթական	[šabatʰakán]
zweimal pro Woche	շաբաթը երկու անգամ	[šabátʰə erkú angám]
jeden Dienstag	ամեն երեքշաբթի	[amén erekʰšabtʰí]

Morgen (m)	առավոտ	[aravót]
morgens	առավոտյան	[aravotján]
Mittag (m)	կեսօր	[kesór]
nachmittags	ճաշից հետո	[čašítsʰ hetó]
Abend (m)	երեկո	[erekó]

abends	երեկոյան	[erekoján]
Nacht (f)	գիշեր	[gišér]
nachts	գիշերը	[gišérə]
Mitternacht (f)	կեսգիշեր	[kesgišér]

Sekunde (f)	վայրկյան	[vajrkján]
Minute (f)	րոպե	[ropé]
Stunde (f)	ժամ	[ʒam]
eine halbe Stunde	կես ժամ	[kes ʒam]
Viertelstunde (f)	քառորդ ժամ	[kʰaród ʒam]
fünfzehn Minuten	տասնհինգ րոպե	[tasnhíng ropé]
Tag und Nacht	օր	[or]

Sonnenaufgang (m)	արևածագ	[arevaʦág]
Morgendämmerung (f)	արևածագ	[arevaʦág]
früher Morgen (m)	վաղ առավոտ	[vaǵ aravót]
Sonnenuntergang (m)	մայրամուտ	[majramút]

früh am Morgen	վաղ առավոտյան	[vaǵ aravotján]
heute Morgen	այսօր առավոտյան	[ajsór aravotján]
morgen früh	վաղը առավոտյան	[vágə aravotján]

heute Mittag	այսօր ցերեկը	[ajsór ʦʰerékə]
nachmittags	ճաշից հետո	[čašíʦʰ hetó]
morgen Nachmittag	վաղը ճաշից հետո	[vágə čašíʦʰ hetó]

| heute Abend | այսօր երեկոյան | [ajsór erekoján] |
| morgen Abend | վաղը երեկոյան | [vágə erekoján] |

Punkt drei Uhr	ուղիղ ժամը երեքին	[uǵíǵ ʒámə erekʰín]
gegen vier Uhr	մոտ ժամը չորսին	[mot ʒámə čorsín]
um zwölf Uhr	մոտ ժամը տասներկուսին	[mot ʒámə tasnerkusín]

in zwanzig Minuten	քսան րոպեից	[kʰsán ropeíʦʰ]
in einer Stunde	մեկ ժամից	[mek ʒamíʦʰ]
rechtzeitig (Adv)	ժամանակին	[ʒamanakín]

Viertel vor …	տասնհինգ պակաս	[tasnhíng pakás]
innerhalb einer Stunde	մեկ ժամվա ընթացքում	[mek ʒamvá əntʰaʦʰkʰúm]
alle fünfzehn Minuten	տասնհինգ րոպեն մեկ	[tasnhíng ropén mek]
Tag und Nacht	ողջ օրը	[voǵǯ órə]

19. Monate. Jahreszeiten

Januar (m)	հունվար	[hunvár]
Februar (m)	փետրվար	[pʰetrvár]
März (m)	մարտ	[mart]
April (m)	ապրիլ	[apríl]
Mai (m)	մայիս	[majís]

Juni (m)	հունիս	[hunís]
Juli (m)	հուլիս	[hulís]
August (m)	օգոստոս	[ogostós]
September (m)	սեպտեմբեր	[septembér]
Oktober (m)	հոկտեմբեր	[hoktembér]
November (m)	նոյեմբեր	[noembér]
Dezember (m)	դեկտեմբեր	[dektembér]

Frühling (m)	գարուն	[garún]
im Frühling	գարնանը	[garnánə]
Frühlings-	գարնանային	[garnanajín]

Sommer (m)	ամառ	[amár]
im Sommer	ամռանը	[amránə]
Sommer-	ամարային	[amarajín]

Herbst (m)	աշուն	[ašún]
im Herbst	աշնանը	[ašnánə]
Herbst-	աշնանային	[ašnanajín]

Winter (m)	ձմեռ	[dzmer]
im Winter	ձմռանը	[dzmránə]
Winter-	ձմեռային	[dzmerajín]

Monat (m)	ամիս	[amís]
in diesem Monat	այս ամիս	[ajs amís]
nächsten Monat	մյուս ամիս	[mjús amís]
letzten Monat	անցյալ ամիս	[antsʰjál amís]

vor einem Monat	մեկ ամիս առաջ	[mek amís arádʒ]
über eine Monat	մեկ ամիս հետո	[mek amís hetó]
in zwei Monaten	երկու ամիս հետո	[erkú amís hetó]
den ganzen Monat	ողջ ամիս	[voǧdʒ amís]

monatlich (Adj)	ամսական	[amsakán]
monatlich (Adv)	ամեն ամիս	[amén amís]
jeden Monat	ամեն ամիս	[amén amís]
zweimal pro Monat	ամսական երկու անգամ	[amsakán erkú angám]

Jahr (n)	տարի	[tarí]
dieses Jahr	այս տարի	[ajs tarí]
nächstes Jahr	մյուս տարի	[mjus tarí]
voriges Jahr	անցյալ տարի	[antsʰjál tarí]

vor einem Jahr	մեկ տարի առաջ	[mek tarí arádʒ]
in einem Jahr	մեկ տարի անց	[mek tarí ántsʰ]
in zwei Jahren	երկու տարի անց	[erkú tarí antsʰ]
das ganze Jahr	ողջ տարի	[voǧdʒ tarí]

jedes Jahr	ամեն տարի	[amén tarí]
jährlich (Adj)	տարեկան	[tarekán]
jährlich (Adv)	ամեն տարի	[amén tarí]

viermal pro Jahr	տարեկան չորս անգամ	[tarekán čórs angám]
Datum (heutige ~)	ամսաթիվ	[amsatʰív]
Datum (Geburts-)	ամսաթիվ	[amsatʰív]
Kalender (m)	օրացույց	[oratsʰújtsʰ]

ein halbes Jahr	կես տարի	[kes tarí]
Halbjahr (n)	կիսամյակ	[kisamják]
Saison (f)	սեզոն	[sezón]
Jahrhundert (n)	դար	[dar]

T&P BOOKS

REISEN. HOTEL

USD   CAD
EUR   CHF
JPY   HKD
GBP   CNY

RECEPTION

T&P Books Publishing

Tourismus (m)	զբոսաշրջություն	[zbosašrdʒutʰjún]
Tourist (m)	զբոսաշրջիկ	[zbosašrdʒík]
Reise (f)	ճանապարհորդություն	[čanaparhordutʰjún]
Abenteuer (n)	արկած	[arkáts]
Fahrt (f)	ուղևորություն	[uġevorutʰjún]

Urlaub (m)	արձակուրդ	[ardzakúrd]
auf Urlaub sein	արձակուրդի մեջ լինել	[ardzakurdí médʒ linél]
Erholung (f)	հանգիստ	[hangíst]

Zug (m)	գնացք	[gnatsʰkʰ]
mit dem Zug	գնացքով	[gnatsʰkʰóv]
Flugzeug (n)	ինքնաթիռ	[inkʰnatʰír]
mit dem Flugzeug	ինքնաթիռով	[inkʰnatʰiróv]
mit dem Auto	ավտոմեքենայով	[avtomekʰenajóv]
mit dem Schiff	նավով	[navóv]

Gepäck (n)	ուղեբեռ	[uġebér]
Koffer (m)	ճամպրուկ	[čamprúk]
Gepäckwagen (m)	սայլակ	[sajlák]
Pass (m)	անձնագիր	[andznagír]
Visum (n)	վիզա	[víza]
Fahrkarte (f)	տոմս	[toms]
Flugticket (n)	ավիատոմս	[aviatóms]

Reiseführer (m)	ուղեցույց	[uġetsʰújtsʰ]
Landkarte (f)	քարտեզ	[kʰartéz]
Gegend (f)	տեղանք	[teġánkʰ]
Ort (wunderbarer ~)	տեղ	[teġ]

Exotika (pl)	էկզոտիկա	[ēkzótika]
exotisch	էկզոտիկ	[ēkzotík]
erstaunlich (Adj)	զարմանահրաշ	[zarmanahráš]

Gruppe (f)	խումբ	[χumb]
Ausflug (m)	էքսկուրսիա	[ēkʰskúrsia]
Reiseleiter (m)	էքսկուրսավար	[ēkʰskursavár]

Hotel (n)	հյուրանոց	[hjuranótsʰ]
Motel (n)	մոթել	[motʰél]

drei Sterne	երեք աստղանի	[erékʰ astǵaní]
fünf Sterne	հինգ աստղանի	[hing astǵaní]
absteigen (vi)	կանգ առնել	[káng arnél]

Hotelzimmer (n)	համար	[hamár]
Einzelzimmer (n)	մեկտեղանի համար	[mekteǵaní hamár]
Zweibettzimmer (n)	երկտեղանի համար	[erkteǵaní hamár]
reservieren (vt)	համար ամրագրել	[hamár amragrél]

Halbpension (f)	կիսագիշերոթիկ	[kisagišerotʰík]
Vollpension (f)	լրիվ գիշերոթիկ	[lrív gišerotʰík]

mit Bad	լոգարանով	[logaranóv]
mit Dusche	դուշով	[dušóv]
Satellitenfernsehen (n)	արբանյակային հեռուստատեսություն	[arbanjakaín herustatesutʰjún]
Klimaanlage (f)	օդորակիչ	[odorakíč]
Handtuch (n)	սրբիչ	[srbič]
Schlüssel (m)	բանալի	[banalí]

Verwalter (m)	ադմինիստրատոր	[administrátor]
Zimmermädchen (n)	սպասավորուհի	[spasavoruhí]
Träger (m)	բեռնակիր	[bernakír]
Portier (m)	դռնապah	[drnapáh]

Restaurant (n)	ռեստորան	[restorán]
Bar (f)	բար	[bar]
Frühstück (n)	նախաճաշ	[naχačáš]
Abendessen (n)	ընթրիք	[əntʰríkʰ]
Buffet (n)	շվեդական սեղան	[švedakán seǵán]

Aufzug (m), Fahrstuhl (m)	վերելակ	[verelák]
BITTE NICHT STÖREN!	ՉԱՆՀԱՆԳՍՏԱՑՆԵԼ	[čanhangstatsʰnél]
RAUCHEN VERBOTEN!	ՉԾԽԵԼ	[čtsχél!]

22. Sehenswürdigkeiten

Denkmal (n)	արձան	[ardzán]
Festung (f)	ամրոց	[amrótsʰ]
Palast (m)	պալատ	[palát]
Schloss (n)	դղյակ	[dǵjak]
Turm (m)	աշտարակ	[aštarák]
Mausoleum (n)	դամբարան	[dambarán]

Architektur (f)	ճարտարապետություն	[čartarapetutʰjún]
mittelalterlich	միջնադարյան	[midʒnadarján]
alt (antik)	հինավուրց	[hinavúrtsʰ]
national	ազգային	[azgajín]
berühmt	հայտնի	[hajtní]
Tourist (m)	զբոսաշրջիկ	[zbosašrdʒík]

Fremdenführer (m)	գիդ	[gid]
Ausflug (m)	էքսկուրսիա	[ēkʰskúrsia]
zeigen (vt)	ցույց տալ	[tsʰújtsʰ tal]
erzählen (vt)	պատմել	[patmél]

finden (vt)	գտնել	[gtnel]
sich verlieren	կորել	[korél]
Karte (U-Bahn ~)	սխեմա	[sχéma]
Karte (Stadt-)	քարտեզ	[kʰartéz]

Souvenir (n)	հուշանվեր	[hušanvér]
Souvenirladen (m)	հուշանվերների խանութ	[hušanvernerí χanútʰ]
fotografieren (vt)	լուսանկարել	[lusankarél]
sich fotografieren	լուսանկարվել	[lusankarvél]

TRANSPORT

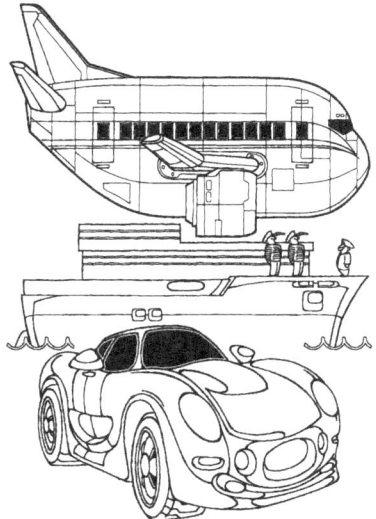

23. Flughafen

Flughafen (m)	օդանավակայան	[odanavakaján]
Flugzeug (n)	ինքնաթիռ	[inkʰnatʰír]
Fluggesellschaft (f)	ավիաընկերություն	[aviaənkerutʰjún]
Fluglotse (m)	դիսպետշեր	[dispetčér]

Abflug (m)	թռիչք	[tʰričkʰ]
Ankunft (f)	ժամանում	[ʒamanúm]
anfliegen (vi)	ժամանել	[ʒamanél]

Abflugzeit (f)	թռիչքի ժամանակը	[tʰričkʰí ʒamanákə]
Ankunftszeit (f)	ժամանման ժամանակը	[ʒamanmán ʒamanákə]

sich verspäten	ուշանալ	[ušanál]
Abflugverspätung (f)	թռիչքի ուշացում	[tʰričkʰí ušatsʰúm]

Anzeigetafel (f)	տեղեկատվական վահանակ	[teġekatvakán vahanák]
Information (f)	տեղեկատվություն	[teġekatvutʰjún]
ankündigen (vt)	հայտարարել	[hajtararél]
Flug (m)	ռեյս	[rejs]

Zollamt (n)	մաքսատուն	[makʰsatún]
Zollbeamter (m)	մաքսավոր	[makʰsavór]

Zolldeklaration (f)	հայտարարագիր	[hajtararagír]
die Zollerklärung ausfüllen	հայտարարագիր լրացնել	[hajtararagír lratsʰnél]
Passkontrolle (f)	անձնագրային ստուգում	[andznagrajín stugúm]

Gepäck (n)	ուղեբեռ	[uġebér]
Handgepäck (n)	ձեռքի ուղեբեռ	[dzerkʰí uġebér]
Kofferkuli (m)	սայլակ	[sajlák]

Landung (f)	վայրէջք	[vajrēdʒkʰ]
Landebahn (f)	վայրէջքի ուղի	[vajrēdʒkʰí uġí]
landen (vi)	վայրէջք կատարել	[vajrēdʒkʰ katarél]
Fluggasttreppe (f)	օդանավասանդուղք	[odanavasandúgkʰ]

Check-in (n)	գրանցում	[grantsʰúm]
Check-in-Schalter (m)	գրանցասեղան	[grantsʰaseġán]
sich registrieren lassen	գրանցվել	[grantsʰvél]
Bordkarte (f)	տեղակտրոն	[teġaktrón]
Abfluggate (n)	ելք	[elkʰ]
Transit (m)	տարանցիկ չվերթ	[tarantsʰík čvertʰ]
warten (vi)	սպասել	[spasél]

Wartesaal (m)	սպասասրահ	[spasasráh]
begleiten (vt)	ճանապարհել	[čanaparhél]
sich verabschieden	հրաժեշտ տալ	[hraʒéšt tál]

24. Flugzeug

Flugzeug (n)	ինքնաթիռ	[inkʰnatʰír]
Flugticket (n)	ավիատոմս	[aviatóms]
Fluggesellschaft (f)	ավիաընկերություն	[aviaənkerutʰjún]
Flughafen (m)	օդանավակայան	[odanavakaján]
Überschall-	գերձայնային	[gerdzajnajín]

Flugkapitän (m)	օդանավի հրամանատար	[odanaví hramanatár]
Besatzung (f)	անձնակազմ	[andznakázm]
Pilot (m)	օդաչու	[odačú]
Flugbegleiterin (f)	ուղեկցորդուհի	[uġektsʰorduhí]
Steuermann (m)	ղեկապետ	[ġekapét]

Flügel (pl)	թևեր	[tʰevér]
Schwanz (m)	պոչ	[poč]
Kabine (f)	խցիկ	[χtsʰik]
Motor (m)	շարժիչ	[šarʒíč]
Fahrgestell (n)	շասսի	[šassí]
Turbine (f)	տուրբին	[turbín]

Propeller (m)	պրոպելեր	[propellér]
Flugschreiber (m)	սև արկղ	[sev árkġ]
Steuerrad (n)	ղեկանիվ	[ġekanív]
Treibstoff (m)	վառելիք	[varelíkʰ]

Sicherheitskarte (f)	ձեռնարկ	[dzernárk]
Sauerstoffmaske (f)	թթվածնային դիմակ	[tʰtʰvatsnajín dimák]
Uniform (f)	համազգեստ	[hamazgést]
Rettungsweste (f)	փրկագոտի	[pʰrkagotí]
Fallschirm (m)	պարաշյուտ	[parašjút]

Abflug, Start (m)	թռիչք	[tʰričkʰ]
starten (vi)	թռնել	[tʰrnel]
Startbahn (f)	թռիչքուղի	[tʰričkʰuġí]

Sicht (f)	տեսանելիություն	[tesaneliutʰjún]
Flug (m)	թռիչք	[tʰričkʰ]
Höhe (f)	բարձրություն	[bardzrutʰjún]
Luftloch (n)	օդային փոս	[odajín pʰós]

Platz (m)	տեղ	[teġ]
Kopfhörer (m)	ականջակալներ	[akanǰakalnér]
Klapptisch (m)	բացվող սեղանիկ	[batsʰvóġ seġaník]
Bullauge (n)	իլյումինատոր	[iljuminátor]
Durchgang (m)	անցուղի	[antsʰuġí]

25. Zug

Zug (m)	գնացք	[gnatsʰkʰ]
elektrischer Zug (m)	էլեկտրագնացք	[ēlektragnátsʰkʰ]
Schnellzug (m)	արագընթաց գնացք	[aragəntʰátsʰ gnátsʰkʰ]
Diesellok (f)	շերմաքարշ	[dʒermakʰárš]
Dampflok (f)	շոգեքարշ	[šokekʰárš]

Personenwagen (m)	վագոն	[vagón]
Speisewagen (m)	վագոն-ռեստորան	[vagón restorán]

Schienen (pl)	գծեր	[gtser]
Eisenbahn (f)	երկաթգիծ	[erkatʰgíts]
Bahnschwelle (f)	կոճ	[koč]

Bahnsteig (m)	կառամատույց	[karamatújtsʰ]
Gleis (n)	ուղի	[uǵí]
Eisenbahnsignal (n)	նշանասյուն	[nšanasjún]
Station (f)	կայարան	[kajarán]

Lokomotivführer (m)	մեքենավար	[mekʰenavár]
Träger (m)	բեռնակիր	[bernakír]
Schaffner (m)	ուղեկից	[uǵekítsʰ]
Fahrgast (m)	ուղևոր	[uǵevór]
Fahrkartenkontrolleur (m)	hսկիչ	[hskič]

Flur (m)	միջանցք	[midʒántsʰkʰ]
Notbremse (f)	ավտոմատ կանգառման սարք	[avtomát kangarmán sárkʰ]

Abteil (n)	կուպե	[kupé]
Liegeplatz (m), Schlafkoje (f)	մահճակ	[mahčák]
oberer Liegeplatz (m)	վերևի մահճակատեղ	[vereví mahčakatéǵ]
unterer Liegeplatz (m)	ներքևի մահճակատեղ	[nerkʰeví mahčakatéǵ]
Bettwäsche (f)	անկողին	[ankoǵín]

Fahrkarte (f)	տոմս	[toms]
Fahrplan (m)	չվացուցակ	[čvatsʰutsʰák]
Anzeigetafel (f)	ցուցատախտակ	[tsʰutsʰataχták]

abfahren (der Zug)	մեկնել	[meknél]
Abfahrt (f)	մեկնում	[meknúm]
ankommen (der Zug)	ժամանել	[ʒamanél]
Ankunft (f)	ժամանում	[ʒamanúm]

mit dem Zug kommen	ժամանել գնացքով	[ʒamanél gnatsʰkʰóv]
in den Zug einsteigen	գնացք նստել	[gnátsʰkʰ nstel]
aus dem Zug aussteigen	գնացքից իջնել	[gnatsʰkʰítsʰ idʒnél]

Zugunglück (n)	խորտակում	[χortakúm]
Dampflok (f)	շոգեքարշ	[šokekʰárš]

Heizer (m)	հնոցապան	[hnotsʰapán]
Feuerbüchse (f)	վառարան	[vararán]
Kohle (f)	ածուխ	[atsúx]

26. Schiff

| Schiff (n) | նավ | [nav] |
| Fahrzeug (n) | նավ | [nav] |

Dampfer (m)	շոգենավ	[šogenáv]
Motorschiff (n)	ջերմանավ	[dʒermanáv]
Kreuzfahrtschiff (n)	լայներ	[lájner]
Kreuzer (m)	հածանավ	[hatsanáv]

Jacht (f)	զբոսանավ	[zbosanáv]
Schlepper (m)	նավաքարշ	[navakʰárš]
Lastkahn (m)	բեռնանav	[bernanáv]
Fähre (f)	լաստանավ	[lastanáv]

| Segelschiff (n) | առագաստանավ | [aragastanáv] |
| Brigantine (f) | բրիգանտինա | [brigantína] |

| Eisbrecher (m) | սառցահատ | [sartsʰapát] |
| U-Boot (n) | սուզանավ | [suzanáv] |

Boot (n)	նավակ	[navák]
Dingi (n), Beiboot (n)	մակույկ	[makújk]
Rettungsboot (n)	փրկարարական մակույկ	[pʰrkararakán makújk]
Motorboot (n)	մոտորանավակ	[motoranavák]

Kapitän (m)	նավապետ	[navapét]
Matrose (m)	նավաստի	[navastí]
Seemann (m)	ծովային	[tsovajín]
Besatzung (f)	անձնակազմ	[andznakázm]

Bootsmann (m)	բոցման	[botsʰmán]
Schiffsjunge (m)	նավի փոքրավոր	[naví pʰokʰravór]
Schiffskoch (m)	նավի խոհարար	[naví xoharár]
Schiffsarzt (m)	նավի բժիշկ	[naví bʒíšk]

Deck (n)	տախտակամած	[taxtakamáts]
Mast (m)	կայմ	[kajm]
Segel (n)	առագաստ	[aragást]

Schiffsraum (m)	նավամբար	[navambár]
Bug (m)	նավակիթ	[navakʰítʰ]
Heck (n)	նավախել	[navaxél]
Ruder (n)	թիակ	[tʰiak]
Schraube (f)	պտուտակ	[ptuták]
Kajüte (f)	նավասենյակ	[navasenják]

Messe (f)	ընդհանուր նավասենյակ	[əndhanúr navasenják]
Maschinenraum (m)	մեքենաների բաժանմունք	[mekenaненí baʒanmúnkʰ]
Kommandobrücke (f)	նավապետի կամրջակ	[navapetí kamrdʒák]
Funkraum (m)	ռադիոխցիկ	[radioχtsʰík]
Radiowelle (f)	ալիք	[alíkʰ]
Schiffstagebuch (n)	նավամատյան	[navamatján]
Fernrohr (n)	հեռադիտակ	[heraditák]
Glocke (f)	զանգ	[zang]
Fahne (f)	դրոշ	[droš]
Seil (n)	ճոպան	[čopán]
Knoten (m)	հանգույց	[hangújtsʰ]
Geländer (n)	բռնաձող	[brnadzóg]
Treppe (f)	նավասանդուղք	[navasandúǵkʰ]
Anker (m)	խարիսխ	[χarísχ]
den Anker lichten	խարիսխը բարձրացնել	[χarísχə bardzratsʰnél]
Anker werfen	խարիսխը գցել	[χarísχə gtsʰél]
Ankerkette (f)	խարսխաշղթա	[χarsχašǵtʰá]
Hafen (m)	նավահանգիստ	[navahangíst]
Anlegestelle (f)	նավամատույց	[navamatújtsʰ]
anlegen (vi)	կառանել	[karanél]
abstoßen (vt)	մեկնել	[meknél]
Reise (f)	ճանապարհորդություն	[čanaparhordutʰjún]
Kreuzfahrt (f)	ծովագնացություն	[tsovagnatsʰutʰjún]
Kurs (m), Richtung (f)	ուղղություն	[uǵutʰjún]
Reiseroute (f)	երթուղի	[ertʰuǵí]
Fahrwasser (n)	նավարկուղի	[navarkuǵí]
Untiefe (f)	ծանծաղուտ	[tsantsaǵút]
stranden (vi)	ծանծաղուտ ընկնել	[tsantsaǵút ənknél]
Sturm (m)	փոթորիկ	[pʰotʰorík]
Signal (n)	ազդանշան	[azdanšán]
untergehen (vi)	խորտակվել	[χortakvél]
SOS	SOS	[sos]
Rettungsring (m)	փրկագոտի	[pʰrkagotí]

T&P BOOKS

STADT

T&P Books Publishing

Bus (m)	ավտոբուս	[avtobús]
Straßenbahn (f)	տրամվայ	[tramváj]
Obus (m)	տրոլեյբուս	[trolejbús]
Linie (f)	ուղի	[uǧí]
Nummer (f)	համար	[hamár]
mit ... fahren	... ով գնալ	[... ov gnal]
einsteigen (vi)	նստել	[nstel]
aussteigen (aus dem Bus)	իջնել	[idʒnél]
Haltestelle (f)	կանգառ	[kangár]
nächste Haltestelle (f)	հաջորդ կանգառ	[hadʒórd kangár]
Endhaltestelle (f)	վերջին կանգառ	[verdʒín kangár]
Fahrplan (m)	ժամանակացույց	[ʒamanakatsʰújtsʰ]
warten (vi, vt)	սպասել	[spasél]
Fahrkarte (f)	տոմս	[toms]
Fahrpreis (m)	տոմսի արժեքը	[tomsí arʒékʰə]
Kassierer (m)	տոմսավաճառ	[tomsavačár]
Fahrkartenkontrolle (f)	ստուգում	[stugúm]
Fahrkartenkontrolleur (m)	հսկիչ	[hskič]
sich verspäten	ուշանալ	[ušanál]
versäumen (Zug usw.)	ուշանալ ... ից	[ušanál ... ítsʰ]
sich beeilen	շտապել	[štapél]
Taxi (n)	տաքսի	[taksí]
Taxifahrer (m)	տաքսու վարորդ	[taksú varórd]
mit dem Taxi	տաքսիով	[taksióv]
Taxistand (m)	տաքսիների կայան	[taksinerí kaján]
ein Taxi rufen	տաքսի կանչել	[taksí kančél]
ein Taxi nehmen	տաքսի վերցնել	[taksí vertsʰnél]
Straßenverkehr (m)	ճանապարհային երթևեկություն	[čanaparhajín ertʰevekutʰjún]
Stau (m)	խցանում	[xtsʰanúm]
Hauptverkehrszeit (f)	պիկ ժամ	[pík ʒám]
parken (vi)	կանգնեցնել	[kangnetsʰnél]
parken (vt)	կանգնեցնել	[kangnetsʰnél]
Parkplatz (m)	ավտոկայան	[avtokaján]
U-Bahn (f)	մետրո	[metró]
Station (f)	կայարան	[kajarán]

mit der U-Bahn fahren	մետրոյով գնալ	[metrojóv gnal]
Zug (m)	գնացք	[gnatsʰkʰ]
Bahnhof (m)	կայարան	[kajarán]

28. Stadt. Leben in der Stadt

Stadt (f)	քաղաք	[kaġákʰ]
Hauptstadt (f)	մայրաքաղաք	[majrakaġákʰ]
Dorf (n)	գյուղ	[gjuġ]

Stadtplan (m)	քաղաքի հատակագիծ	[kʰaġakʰí hatakagíts]
Stadtzentrum (n)	քաղաքի կենտրոն	[kʰaġakʰí kentrón]
Vorort (m)	արվարձան	[arvardzán]
Vorort-	մերձքաղաքային	[merdzkʰaġakʰajín]

Stadtrand (m)	ծայրամաս	[tsajramás]
Umgebung (f)	շրջակայք	[šrdʒakájkʰ]
Stadtviertel (n)	թաղամաս	[tʰaġamás]
Wohnblock (m)	բնակելի թաղամաս	[bnakelí tʰaġamás]

Straßenverkehr (m)	երթեկություն	[ertʰevekutʰjún]
Ampel (f)	լուսակիր	[lusakír]
Stadtverkehr (m)	քաղաքային տրանսպորտ	[kʰaġakʰajín transpórt]
Straßenkreuzung (f)	խաչմերուկ	[xačmerúk]

Übergang (m)	անցում	[antsʰúm]
Fußgängerunterführung (f)	գետնանցում	[getnantsʰúm]
überqueren (vt)	անցնել	[antsʰnél]
Fußgänger (m)	հետիոտն	[hetiótn]
Gehweg (m)	մայթ	[majtʰ]

Brücke (f)	կամուրջ	[kamúrdʒ]
Kai (m)	առափնյա փողոց	[arapʰnjá pʰoġótsʰ]
Springbrunnen (m)	շատրվան	[šatrván]

Allee (f)	ծառուղի	[tsaruġí]
Park (m)	զբոսայգի	[zbosajgí]
Boulevard (m)	բուլվար	[bulvár]
Platz (m)	հրապարակ	[hraparák]
Avenue (f)	պողոտա	[poġóta]
Straße (f)	փողոց	[pʰoġótsʰ]
Gasse (f)	նրբանցք	[nrbantsʰkʰ]
Sackgasse (f)	փակուղի	[pʰakuġí]

Haus (n)	տուն	[tun]
Gebäude (n)	շենք	[šenkʰ]
Wolkenkratzer (m)	երկնաքեր	[erknakʰér]

| Fassade (f) | ճակատամաս | [čakatamás] |
| Dach (n) | տանիք | [taníkʰ] |

Fenster (n)	պատուհան	[patuhán]
Bogen (m)	կամար	[kamár]
Säule (f)	սյուն	[sjun]
Ecke (f)	անկյուն	[ankjún]

Schaufenster (n)	ցուցափեղկ	[tsʰutsʰapʰéĝk]
Firmenschild (n)	ցուցանակ	[tsʰutsʰanák]
Anschlag (m)	ազդագիր	[azdagír]
Werbeposter (m)	գովազդային ձգապաստառ	[govazdajín dzgapastár]
Werbeschild (n)	գովազդային վահանակ	[govazdajín vahanák]

Müll (m)	աղբ	[aĝb]
Mülleimer (m)	աղբաման	[aĝbamán]
Abfall wegwerfen	աղբ թոտել	[aĝbotél]
Mülldeponie (f)	աղբավայր	[aĝbavájr]

Telefonzelle (f)	հեռախոսախցիկ	[heraχosaχtsʰík]
Straßenlaterne (f)	լապտերասյուն	[lapterasjún]
Bank (Park-)	նստարան	[nstarán]

Polizist (m)	ոստիկան	[vostikán]
Polizei (f)	ոստիկանություն	[vostikanutʰjún]
Bettler (m)	մուրացկան	[muratsʰkán]
Obdachlose (m)	անօթեւան մարդ	[anotʰeván márd]

29. Innerstädtische Einrichtungen

Laden (m)	խանութ	[χanútʰ]
Apotheke (f)	դեղատուն	[deĝatún]
Optik (f)	օպտիկա	[óptika]
Einkaufszentrum (n)	առևտրի կենտրոն	[arevtrí kentrón]
Supermarkt (m)	սուպերմարքեթ	[supermarkʰétʰ]

Bäckerei (f)	հացաբուլկեղենի խանութ	[hatsʰabulkeĝení χanútʰ]
Bäcker (m)	հացթուխ	[hatsʰtʰúχ]
Konditorei (f)	հրուշակեղենի խանութ	[hrušakeĝení χanútʰ]
Lebensmittelladen (m)	նպարեղենի խանութ	[npareĝení χanútʰ]
Metzgerei (f)	մսի խանութ	[msi χanútʰ]

Gemüseladen (m)	բանջարեղենի կրպակ	[bandzareĝení krpák]
Markt (m)	շուկա	[šuká]

Kaffeehaus (n)	սրճարան	[srčarán]
Restaurant (n)	ռեստորան	[restorán]
Bierstube (f)	գարեջրատուն	[garedžratún]
Pizzeria (f)	պիցցերիա	[pitsʰería]

Friseursalon (m)	վարսավիրանոց	[varsaviranótsʰ]
Post (f)	փոստ	[pʰost]

| chemische Reinigung (f) | քիմմաքրման կետ | [kʰimmakʰrmán két] |
| Fotostudio (n) | ֆոտոսրահ | [fotosráh] |

Schuhgeschäft (n)	կոշիկի սրահ	[košikí sráh]
Buchhandlung (f)	գրախանութ	[graχanútʰ]
Sportgeschäft (n)	սպորտային խանութ	[sportajín χanútʰ]

Kleiderreparatur (f)	հագուստի վերանորոգում	[hagustí veranorogúm]
Bekleidungsverleih (m)	հագուստի վարձույթ	[hagustí vardzújtʰ]
Videothek (f)	տեսաֆիլմերի վարձույթ	[tesafilmerí vardzújtʰ]

Zirkus (m)	կրկես	[krkes]
Zoo (m)	կենդանաբանական այգի	[kendanabanakán ajgí]
Kino (n)	կինոթատրոն	[kinotʰatrón]
Museum (n)	թանգարան	[tʰangarán]
Bibliothek (f)	գրադարան	[gradarán]

| Theater (n) | թատրոն | [tʰatrón] |
| Opernhaus (n) | օպերա | [operá] |

| Nachtklub (m) | գիշերային ակումբ | [gišerajín akúmb] |
| Kasino (n) | խաղատուն | [χaġatún] |

Moschee (f)	մզկիթ	[mzkitʰ]
Synagoge (f)	սինագոգ	[sinagóg]
Kathedrale (f)	տաճար	[tačár]

| Tempel (m) | տաճար | [tačár] |
| Kirche (f) | եկեղեցի | [ekeġetsʰí] |

Institut (n)	ինստիտուտ	[institút]
Universität (f)	համալսարան	[hamalsarán]
Schule (f)	դպրոց	[dprotsʰ]

| Präfektur (f) | ոստիկանապետություն | [vostikanapetutʰjún] |
| Rathaus (n) | քաղաքապետարան | [kʰaġakapetarán] |

| Hotel (n) | հյուրանոց | [hjuranótsʰ] |
| Bank (f) | բանկ | [bank] |

| Botschaft (f) | դեսպանատուն | [despanatún] |
| Reisebüro (n) | տուրիստական գործակալություն | [turistakán gortsakalutʰjún] |

| Informationsbüro (n) | տեղեկատվական բյուրո | [teġekatvakán bjuró] |
| Wechselstube (f) | փոխանակման կետ | [pʰoχanakmán két] |

| U-Bahn (f) | մետրո | [metró] |
| Krankenhaus (n) | հիվանդանոց | [hivandanótsʰ] |

| Tankstelle (f) | բենզալցակայան | [benzaltsʰakaján] |
| Parkplatz (m) | ավտոկայան | [avtokaján] |

30. Schilder

Firmenschild (n)	ցուցանակ	[tsʰutsʰanák]
Aufschrift (f)	ցուցադիր	[tsʰutsʰagír]
Plakat (n)	ձգապաստառ	[dzgapastár]
Wegweiser (m)	ուղեցույց	[uġetsʰújtsʰ]
Pfeil (m)	սլաք	[slakʰ]
Vorsicht (f)	նախազգուշացում	[naχazgušatsʰúm]
Warnung (f)	զգուշացում	[zgušatsʰúm]
warnen (vt)	զգուշացնել	[zgušatsʰnél]
freier Tag (m)	հանգստյան օր	[hangstján ór]
Fahrplan (m)	ժամանակացույց	[ʒamanakatsʰújtsʰ]
Öffnungszeiten (pl)	աշխատանքային ժամեր	[ašχatankʰajín ʒamér]
HERZLICH WILLKOMMEN!	ԲԱՐԻ ԳԱԼՈՒՍՏ	[barí galúst!]
EINGANG	ՄՈՒՏՔ	[mutkʰ]
AUSGANG	ԵԼՔ	[elkʰ]
DRÜCKEN	ԴԵՊԻ ԴՈՒՐՍ	[depí durs]
ZIEHEN	ԴԵՊԻ ՆԵՐՍ	[dépi ners]
GEÖFFNET	ԲԱՑ Է	[batsʰ ē]
GESCHLOSSEN	ՓԱԿ Է	[pʰak ē]
DAMEN, FRAUEN	ԿԱՆԱՆՑ ՀԱՄԱՐ	[kanántsʰ hamár]
HERREN, MÄNNER	ՏՂԱՄԱՐԴԿԱՆՑ ՀԱՄԱՐ	[tġamardkántsʰ hamár]
AUSVERKAUF	ՁԵՂՉԵՐ	[zeġčér]
REDUZIERT	Ի ՍՊԱՌ ՎԱՃԱՌՔ	[i spar vačárkʰ]
NEU!	ՆՈՐՈՒՅԹ	[norújtʰ!]
GRATIS	ԱՆՎՃԱՐ	[anvčár]
ACHTUNG!	ՈՒՇԱԴՐՈՒԹՅՈՒՆ	[ušadrutʰjún!]
ZIMMER BELEGT	ՏԵՂԵՐ ՉԿԱՆ	[teġér čkan]
RESERVIERT	ՊԱՏՎԻՐՎԱԾ Է	[patvirváts ē]
VERWALTUNG	ԱԴՄԻՆԻՍՏՐԱՑԻԱ	[administrátsʰia]
NUR FÜR PERSONAL	ՄԻԱՅՆ ԱՇԽԱՏԱԿԻՑՆԵՐԻ ՀԱՄԱՐ	[miájn ašχatakitsʰnerí hamár]
VORSICHT BISSIGER HUND	ԿԱՏԱՂԻ ՇՈՒՆ	[kataġí šun]
RAUCHEN VERBOTEN!	ՁՈԽԵԼ	[čtsχél!]
BITTE NICHT BERÜHREN	ՁԵՌՔ ՉՏԱԼ	[dzerkʰ čtal]
GEFÄHRLICH	ՎՏԱՆԳԱՎՈՐ Է	[vtangavór ē]
VORSICHT!	ՎՏԱՆԳԱՎՈՐ Է	[vtangavór ē]

HOCHSPANNUNG	ԲԱՐՁՐ ԼԱՐՈՒՄ	[bárdzr larúm]
BADEN VERBOTEN	ԼՈՂԱԼՆ ԱՐԳԵԼՎՈՒՄ Է	[loġáln argelvúm ē]
AUßER BETRIEB	ՉԻ ԱՇԽԱՏՈՒՄ	[či ašχatúm]
LEICHTENTZÜNDLICH	ՀՐԱՎՏԱՆԳԱՎՈՐ Է	[hravtangavór ē]
VERBOTEN	ԱՐԳԵԼՎԱԾ Է	[argelváts ē]
DURCHGANG VERBOTEN	ԱՆՑՆԵԼՆ ԱՐԳԵԼՎԱԾ Է	[antsʰnéln argelváts ē]
FRISCH GESTRICHEN	ՆԵՐԿՎԱԾ Է	[nerkváts ē]

31. Shopping

kaufen (vt)	գնել	[gnel]
Einkauf (m)	գնում	[gnum]
einkaufen gehen	գնումներ կատարել	[gnumnér katarél]
Einkaufen (n)	գնումներ	[gnumnér]
offen sein (Laden)	աշխատել	[ašχatél]
zu sein	փակվել	[pʰakvél]
Schuhe (pl)	կոշիկ	[košík]
Kleidung (f)	հագուստ	[hagúst]
Kosmetik (f)	կոսմետիկա	[kosmétika]
Lebensmittel (pl)	մթերքներ	[mtʰerkʰnér]
Geschenk (n)	նվեր	[nver]
Verkäufer (m)	վաճառող	[vačaróġ]
Verkäuferin (f)	վաճառողուհի	[vačaroġuhí]
Kasse (f)	դրամարկղ	[dramárkġ]
Spiegel (m)	հայելի	[hajelí]
Ladentisch (m)	վաճառասեղան	[vačaraseġán]
Umkleidekabine (f)	հանդերձարան	[handerdzarán]
anprobieren (vt)	փորձել	[pʰordzél]
passen (Schuhe, Kleid)	սազել	[sazél]
gefallen (vi)	դուր գալ	[dur gal]
Preis (m)	գին	[gin]
Preisschild (n)	գնապիտակ	[gnapiták]
kosten (vt)	արժենալ	[arʒenál]
Wie viel?	Որքա՞ն արժե	[vorkʰán arʒé?]
Rabatt (m)	զեղչ	[zeġč]
preiswert	ոչ թանկ	[voč tʰank]
billig	էժան	[ēʒán]
teuer	թանկ	[tʰank]
Das ist teuer	Սա թանկ է	[sa tʰánk ē]
Verleih (m)	վարձույթ	[vardzújtʰ]
leihen, mieten (ein Auto usw.)	վարձել	[vardzél]

| Kredit (m), Darlehen (n) | վարկ | [vark] |
| auf Kredit | վարկով | [varkóv] |

T&P BOOKS

KLEIDUNG & ACCESSOIRES

T&P Books Publishing

32. Oberbekleidung. Mäntel

Kleidung (f)	հագուստ	[hagúst]
Oberkleidung (f)	վերնազգեստ	[vernazgést]
Winterkleidung (f)	ձմեռային հագուստ	[dzmerajín hagúst]
Mantel (m)	վերարկու	[verarkú]
Pelzmantel (m)	մուշտակ	[mušták]
Pelzjacke (f)	կիսամուշտակ	[kisamušták]
Daunenjacke (f)	բմբուլե բաձկոն	[bmbulé bačkón]
Jacke (z.B. Lederjacke)	բաձկոն	[bačkón]
Regenmantel (m)	թիկնոց	[tʰiknótsʰ]
wasserdicht	անջրանցիկ	[andʒrantsʰík]

33. Herren- & Damenbekleidung

Hemd (n)	վերնաշապիկ	[vernašapík]
Hose (f)	տաբատ	[tabát]
Jeans (pl)	ջինսեր	[dʒinsér]
Jackett (n)	պիջակ	[pidʒák]
Anzug (m)	կոստյում	[kostjúm]
Damenkleid (n)	զգեստ	[zgest]
Rock (m)	շրջազգեստ	[šrdʒazgést]
Bluse (f)	բլուզ	[bluz]
Strickjacke (f)	կոֆտա	[koftá]
Jacke (Damen Kostüm)	ժակետ	[ʒakét]
T-Shirt (n)	մարզաշապիկ	[marzašapík]
Shorts (pl)	կարճ տաբատ	[karč tabát]
Sportanzug (m)	մարզազգեստ	[marzazgést]
Bademantel (m)	խալաթ	[χalátʰ]
Schlafanzug (m)	ննջազգեստ	[nndʒazgést]
Sweater (m)	սվիտեր	[svitér]
Pullover (m)	պուլովեր	[pulóver]
Weste (f)	բաձկոնակ	[bačkonák]
Frack (m)	ֆրակ	[frak]
Smoking (m)	սմոկինգ	[smóking]
Uniform (f)	համազգեստ	[hamazgést]
Arbeitskleidung (f)	աշխատանքային համազգեստ	[ašχatankʰajín hamazgést]

| Overall (m) | կոմբինեզոն | [kombinezón] |
| Kittel (z.B. Arztkittel) | խալաթ | [χalátʰ] |

34. Kleidung. Unterwäsche

Unterwäsche (f)	ներքնազգեստ	[nerkʰnazgést]
Unterhemd (n)	ներքնաշապիկ	[nerkʰnašapík]
Socken (pl)	կիսագուլպա	[kisagulpá]

Nachthemd (n)	գիշերանոց	[gišeranótsʰ]
Büstenhalter (m)	կրծկալ	[krtskʰákal]
Kniestrümpfe (pl)	կարճ գուլպաներ	[karč gulpanér]
Strumpfhose (f)	զուգագուլպա	[zugagulpá]
Strümpfe (pl)	գուլպաներ	[gulpanér]
Badeanzug (m)	լողազգեստ	[loǵazgést]

35. Kopfbekleidung

Mütze (f)	գլխարկ	[glχark]
Filzhut (m)	էգրավոր գլխարկ	[ezravór glχárk]
Baseballkappe (f)	մարզագլխարկ	[marzaglχárk]
Schiebermütze (f)	կեպի	[képi]

Baskenmütze (f)	բերետ	[berét]
Kapuze (f)	գլխանոց	[glχanótsʰ]
Panamahut (m)	պանամա	[panáma]
Strickmütze (f)	գործած գլխարկ	[gortsáts glχárk]

| Kopftuch (n) | գլխաշոր | [glχašór] |
| Damenhut (m) | գլխարկիկ | [glχarkík] |

Schutzhelm (m)	սաղավարտ	[saǵavárt]
Feldmütze (f)	պիլոտկա	[pilótka]
Helm	սաղավարտ	[saǵavárt]
(z.B. Motorradhelm)		

| Melone (f) | կոտելոկ | [kotelók] |
| Zylinder (m) | գլանագլխարկ | [glanaglχárk] |

36. Schuhwerk

Schuhe (pl)	կոշիկ	[košík]
Stiefeletten (pl)	ճտքավոր կոշիկներ	[čtkʰavór košiknér]
Halbschuhe (pl)	կոշիկներ	[košiknér]
Stiefel (pl)	երկարաճիտ կոշիկներ	[erkaračít košiknér]
Hausschuhe (pl)	հողաթափեր	[hoǵatʰapʰér]

Tennisschuhe (pl)	բութասներ	[botʰasnér]
Leinenschuhe (pl)	մարզական կոշիկներ	[marzakán košiknér]
Sandalen (pl)	սանդալներ	[sandalnér]

Schuster (m)	կոշկակար	[koškakár]
Absatz (m)	կրունկ	[krunk]
Paar (n)	զույգ	[zujg]

Schnürsenkel (m)	կոշկակապ	[koškakáp]
schnüren (vt)	կոշկակապել	[koškakapél]
Schuhlöffel (m)	թիակ	[tʰiak]
Schuhcreme (f)	կոշիկի քսուք	[košikí ksúkʰ]

37. Persönliche Accessoires

Handschuhe (pl)	ձեռնոցներ	[dzernotsʰnér]
Fausthandschuhe (pl)	ձեռնոց	[dzernótsʰ]
Schal (Kaschmir-)	շարֆ	[šarf]

Brille (f)	ակնոց	[aknótsʰ]
Brillengestell (n)	շրջանակ	[šrdʒanák]
Regenschirm (m)	հովանոց	[hovanótsʰ]
Spazierstock (m)	ձեռնափայտ	[dzernapʰájt]
Haarbürste (f)	մազերի խոզանակ	[mazerí χozanák]
Fächer (m)	հովհար	[hovhár]

Krawatte (f)	փողկապ	[pʰoǵkáp]
Fliege (f)	փողկապ-թիթեռնիկ	[pʰoǵkáp tʰitʰerník]
Hosenträger (pl)	տաբատակալ	[tabatakál]
Taschentuch (n)	թաշկինակ	[tʰaškinák]

Kamm (m)	սանր	[sanr]
Haarspange (f)	մազակալ	[mazakál]
Haarnadel (f)	ծամկալ	[tsamkál]
Schnalle (f)	ճարմանդ	[čarmánd]

| Gürtel (m) | գոտի | [gotí] |
| Umhängegurt (m) | փոկ | [pʰok] |

Tasche (f)	պայուսակ	[pajusák]
Handtasche (f)	կանացի պայուսակ	[kanatsʰí pajusák]
Rucksack (m)	ուղեպարկ	[uǵepárk]

38. Kleidung. Verschiedenes

Mode (f)	նորաձևություն	[noradʒevutʰjún]
modisch	նորաձև	[noradʒév]
Modedesigner (m)	մոդելյեր	[modelér]

Kragen (m)	օձիք	[odzíkʰ]
Tasche (f)	գրպան	[grpan]
Taschen-	գրպանի	[grpaní]
Ärmel (m)	թեվք	[tʰevkʰ]
Aufhänger (m)	կախիչ	[kaχíč]
Hosenschlitz (m)	լայնույթ	[lajnújtʰ]

Reißverschluss (m)	կայծակակառմանդ	[kajtsaka čarmánd]
Verschluss (m)	ճարմանդ	[čarmánd]
Knopf (m)	կոճակ	[kočák]
Knopfloch (n)	հանգույց	[hangújtsʰ]
abgehen (Knopf usw.)	պոկվել	[pokvél]

nähen (vi, vt)	կարել	[karél]
sticken (vt)	ասեղնագործել	[aseǵnagortsél]
Stickerei (f)	ասեղնագործություն	[aseǵnagortsutʰjún]
Nadel (f)	ասեղ	[aséǵ]
Faden (m)	թել	[tʰel]
Naht (f)	կար	[kar]

sich beschmutzen	կեղտոտվել	[keǵtotvél]
Fleck (m)	բիծ	[bits]
sich knittern	ճմրթվել	[čmrtʰel]
zerreißen (vt)	ճղվել	[čǧvel]
Motte (f)	ցեց	[tsʰetsʰ]

39. Kosmetikartikel. Kosmetik

Zahnpasta (f)	ատամի մածուկ	[atamí matsúk]
Zahnbürste (f)	ատամի խոզանակ	[atamí χozanák]
Zähne putzen	ատամներր մաքրել	[atamnérə makʰrél]

Rasierer (m)	ածելի	[atselí]
Rasiercreme (f)	սափրվելու կրեմ	[sapʰrvelú krem]
sich rasieren	սափրվել	[sapʰrvél]

| Seife (f) | օճառ | [očár] |
| Shampoo (n) | շամպուն | [šampún] |

Schere (f)	մկրատ	[mkrat]
Nagelfeile (f)	խարտոց	[χartótsʰ]
Nagelzange (f)	ունելիք	[unelíkʰ]
Pinzette (f)	ունելի	[unelí]

Kosmetik (f)	կոսմետիկա	[kosmétika]
Gesichtsmaske (f)	դիմակ	[dimák]
Maniküre (f)	մանիկյուր	[manikjúr]
Maniküre machen	մատնահարդարում	[matnahardarúm]
Pediküre (f)	պեդիկյուր	[pedikjúr]
Kosmetiktasche (f)	կոսմետիկայի պայուսակ	[kosmetikají pajusák]

Puder (m)	դիմափոշի	[dimapʰoší]
Puderdose (f)	դիմափոշու աման	[dimapʰošú amán]
Rouge (n)	կարմրաներկ	[karmranérk]

Parfüm (n)	օծանելիք	[otsanelíkʰ]
Duftwasser (n)	անուշահոտ ջուր	[anušahót dʒur]
Lotion (f)	լոսյոն	[losjón]
Kölnischwasser (n)	օդեկոլոն	[odekolón]

Lidschatten (m)	կոպերի ներկ	[koperí nérk]
Kajalstift (m)	աչքի մատիտ	[ačkʰí matít]
Wimperntusche (f)	տուշ	[tuš]

Lippenstift (m)	շրթներկ	[šrtʰnerk]
Nagellack (m)	եղունգների լաք	[eġungnerí lákʰ]
Haarlack (m)	մազերի լաք	[mazerí lakʰ]
Deodorant (n)	դեզոդորանտ	[dezodoránt]

Creme (f)	կրեմ	[krem]
Gesichtscreme (f)	դեմքի կրեմ	[demkʰí krem]
Handcreme (f)	ձեռքի կրեմ	[dzerkʰí krem]
Anti-Falten-Creme (f)	կնճիռների դեմ կրեմ	[knčirnerí dém krém]
Tages-	ցերեկային	[tsʰerekajín]
Nacht-	գիշերային	[gišerajín]

Tampon (m)	տամպոն	[tampón]
Toilettenpapier (n)	զուգարանի թուղթ	[zugaraní tʰúgtʰ]
Föhn (m)	ֆեն	[fen]

40. Armbanduhren Uhren

Armbanduhr (f)	ձեռքի ժամացույց	[dzerkʰí ʒamatsʰújtsʰ]
Zifferblatt (n)	թվահարթակ	[tʰvahartʰák]
Zeiger (m)	սլաք	[slakʰ]
Metallarmband (n)	շղթա	[šġtʰa]
Uhrenarmband (n)	փոկ	[pʰok]

Batterie (f)	մարտկոց	[martkótsʰ]
verbraucht sein	նստել	[nstel]
die Batterie wechseln	մարտկոցը փոխել	[martkótsʰə pʰoχél]

| vorgehen (vi) | առաջ ընկնել | [arádʒ ənknél] |
| nachgehen (vi) | ետ ընկնել | [et ənknél] |

Wanduhr (f)	պատի ժամացույց	[patí ʒamatsʰújtsʰ]
Sanduhr (f)	ավազի ժամացույց	[avazí ʒamatsʰújtsʰ]
Sonnenuhr (f)	արևի ժամացույց	[areví ʒamatsʰújtsʰ]
Wecker (m)	զարթուցիչ	[zartʰutsʰíč]
Uhrmacher (m)	ժամագործ	[ʒamagórts]
reparieren (vt)	նորոգել	[norogél]

T&P BOOKS

ALLTAGSERFAHRUNG

T&P Books Publishing

41. Geld

Geld (n)	դրամ	[dram]
Austausch (m)	փոխանակում	[pʰoχanakúm]
Kurs (m)	փոխարժեք	[pʰoχarʒékʰ]
Geldautomat (m)	բանկոմատ	[bankomát]
Münze (f)	մետաղադրամ	[metaġadrám]
Dollar (m)	դոլլար	[dollár]
Euro (m)	եվրո	[évro]
Lira (f)	լիրա	[líra]
Mark (f)	մարկ	[mark]
Franken (m)	ֆրանկ	[frank]
Pfund Sterling (n)	ֆունտ ստերլինգ	[fúnt stérling]
Yen (m)	յեն	[jen]
Schulden (pl)	պարտք	[partkʰ]
Schuldner (m)	պարտապան	[partapán]
leihen (vt)	պարտքով տալ	[partkʰóv tal]
leihen, borgen (Geld usw.)	պարտքով վերցնել	[partkʰóv vertsʰnél]
Bank (f)	բանկ	[bank]
Konto (n)	հաշիվ	[hašív]
auf ein Konto einzahlen	հաշվի վրա զգել	[hašví vra gtsʰel]
abheben (vt)	հաշվից հանել	[hašvítsʰ hanél]
Kreditkarte (f)	վարկային քարտ	[varkʰajín kʰárt]
Bargeld (n)	կանխիկ դրամ	[kanχík dram]
Scheck (m)	չեք	[čekʰ]
einen Scheck schreiben	չեք դուրս գրել	[čekʰ durs grel]
Scheckbuch (n)	չեքային գրքույկ	[čekʰajín grkʰújk]
Geldtasche (f)	թղթապանակ	[tʰġtʰapanák]
Geldbeutel (m)	դրամապանակ	[dramapanák]
Safe (m)	չհրկիզվող պահարան	[čhrkizvóġ paharán]
Erbe (m)	ժառանգ	[ʒaráng]
Erbschaft (f)	ժառանգություն	[ʒarangutʰjún]
Vermögen (n)	ունեցվածք	[unetsʰvátskʰ]
Pacht (f)	վարձ	[vardz]
Miete (f)	բնակվարձ	[bnakvárdz]
mieten (vt)	վարձել	[vardzél]
Preis (m)	գին	[gin]
Kosten (pl)	արժեք	[arʒékʰ]

Summe (f)	գումար	[gumár]
ausgeben (vt)	ծախսել	[tsaχsél]
Ausgaben (pl)	ծախսեր	[tsaχsér]
sparen (vt)	տնտեսել	[tntesél]
sparsam	տնտեսող	[tntesóg]
zahlen (vt)	վճարել	[včarél]
Lohn (m)	վճար	[včár]
Wechselgeld (n)	մանր	[manr]
Steuer (f)	հարկ	[hark]
Geldstrafe (f)	տուգանք	[tugánkʰ]
bestrafen (vt)	տուգանել	[tuganél]

42. Post. Postdienst

Post (Postamt)	փոստ	[pʰost]
Post (Postsendungen)	փոստ	[pʰost]
Briefträger (m)	փոստատար	[pʰostatár]
Öffnungszeiten (pl)	աշխատանքային ժամեր	[ašχatankʰajín ʒamér]
Brief (m)	նամակ	[namák]
Einschreibebrief (m)	պատվիրված նամակ	[patvirváts namák]
Postkarte (f)	բացիկ	[batsʰík]
Telegramm (n)	հեռագիր	[heragír]
Postpaket (n)	ծանրոց	[tsanrótsʰ]
Geldanweisung (f)	դրամային փոխանցում	[dramajín pʰoχantsʰúm]
bekommen (vt)	ստանալ	[stanál]
abschicken (vt)	ուղարկել	[uġarkél]
Absendung (f)	ուղարկում	[uġarkúm]
Postanschrift (f)	հասցե	[hastsʰé]
Postleitzahl (f)	ինդեկս	[indéks]
Absender (m)	ուղարկող	[uġarkóg]
Empfänger (m)	ստացող	[statsʰóg]
Vorname (m)	անուն	[anún]
Nachname (m)	ազգանուն	[azganún]
Tarif (m)	սակագին	[sakagín]
Standard- (Tarif)	սովորական	[sovorakán]
Spar- (-tarif)	տնտեսող	[tntesóg]
Gewicht (n)	քաշ	[kʰaš]
abwiegen (vt)	կշռել	[kšrel]
Briefumschlag (m)	ծրար	[tsrar]
Briefmarke (f)	նամականիշ	[namakaníš]

43. Bankgeschäft

Bank (f)	բանկ	[bank]
Filiale (f)	բաժանմունք	[baʒanmúnkʰ]
Berater (m)	խորհրդատու	[χorhrdatú]
Leiter (m)	կառավարիչ	[karavaríč]
Konto (n)	հաշիվ	[hašív]
Kontonummer (f)	հաշվի համար	[hašví hamár]
Kontokorrent (n)	ընթացիկ հաշիվ	[əntʰatsʰík hašív]
Sparkonto (n)	կուտակային հաշիվ	[kutakajín hašív]
ein Konto eröffnen	հաշիվ բացել	[hašív batsʰél]
das Konto schließen	հաշիվ փակել	[hašív pʰakél]
einzahlen (vt)	հաշվի վրա գցել	[hašví vra gtsʰel]
abheben (vt)	հաշվից հանել	[hašvítsʰ hanél]
Einzahlung (f)	ավանդ	[avánd]
eine Einzahlung machen	ավանդ ներդնել	[avánd nerdnél]
Überweisung (f)	փոխանցում	[pʰoχantsʰúm]
überweisen (vt)	փոխանցում կատարել	[pʰoχantsʰúm katarél]
Summe (f)	գումար	[gumár]
Wieviel?	Որքա՞ն	[vorkʰán?]
Unterschrift (f)	ստորագրություն	[storagrutʰjún]
unterschreiben (vt)	ստորագրել	[storagrél]
Kreditkarte (f)	վարկային քարտ	[varkʰajín kʰárt]
Code (m)	կոդ	[kod]
Kreditkartennummer (f)	վարկային քարտի համար	[varkʰajín kʰartí hamár]
Geldautomat (m)	բանկոմատ	[bankomát]
Scheck (m)	չեկ	[čekʰ]
einen Scheck schreiben	չեկ դուրս գրել	[čekʰ durs grel]
Scheckbuch (n)	չեկային գրքույկ	[čekʰajín grkʰújk]
Darlehen (m)	վարկ	[vark]
ein Darlehen beantragen	դիմել վարկ ստանալու համար	[dimél várk stanalú hamár]
ein Darlehen aufnehmen	վարկ վերցնել	[vark vertsʰnél]
ein Darlehen geben	վարկ տրամադրել	[vark tramadrél]
Sicherheit (f)	գրավական	[gravakán]

44. Telefon. Telefongespräche

Telefon (n)	հեռախոս	[heraχós]
Mobiltelefon (n)	բջջային հեռախոս	[bdʒdʒajín heraχós]

Anrufbeantworter (m)	ինքնապատասխանիչ	[inkʰnapatasχaníč]
anrufen (vt)	զանգահարել	[zangaharél]
Anruf (m)	զանգ	[zang]

eine Nummer wählen	համարը հավաքել	[hamárə havakʰél]
Hallo!	Ալո՛	[aló!]
fragen (vt)	հարցնել	[hartsʰnél]
antworten (vi)	պատասխանել	[patasχanél]

hören (vt)	լսել	[lsel]
gut (~ aussehen)	լավ	[lav]
schlecht (Adv)	վատ	[vat]
Störungen (pl)	խանգարումներ	[χangarumnér]

Hörer (m)	լսափող	[lsapʰóg]
den Hörer abnehmen	լսափողը վերցնել	[lsapʰógə vertsʰnél]
auflegen (den Hörer ~)	լսափողը դնել	[lsapʰógə dnél]

besetzt	զբաղված	[zbagváts]
läuten (vi)	զանգել	[zangél]
Telefonbuch (n)	հեռախոսագիրք	[heraχosagírkʰ]

Orts-	տեղային	[teġajín]
Auslands-	միջազգային	[midʒazgajín]
Fern-	միջքաղաքային	[midʒkaġakʰajín]

45. Mobiltelefon

Mobiltelefon (n)	բջջային հեռախոս	[bdʒdʒajín heraχós]
Display (n)	էկրան	[ēkrán]
Knopf (m)	կոճակ	[kočák]
SIM-Karte (f)	SIM-քարտ	[sim kʰart]

Batterie (f)	մարտկոց	[martkótsʰ]
leer sein (Batterie)	լիցքաթափվել	[litsʰkʰatʰapʰvél]
Ladegerät (n)	լիցքավորման սարք	[litsʰkavormán sárkʰ]

Menü (n)	մենյու	[menjú]
Einstellungen (pl)	լարք	[larkʰ]
Melodie (f)	մեղեդի	[meġedí]
auswählen (vt)	ընտրել	[əntrél]

| Rechner (m) | հաշվիչ | [hašvíč] |
| Anrufbeantworter (m) | ինքնապատասխանիչ | [inkʰnapatasχaníč] |

| Wecker (m) | զարթուցիչ | [zartʰutsʰíč] |
| Kontakte (pl) | հեռախոսագիրք | [heraχosagírkʰ] |

| SMS-Nachricht (f) | SMS-հաղորդագրություն | [SMS haġordagrutʰjún] |
| Teilnehmer (m) | բաժանորդ | [baʒanórd] |

46. Bürobedarf

Kugelschreiber (m)	ինքնահոս գրիչ	[inkʰnahós gríč]
Federhalter (m)	փետրավոր գրիչ	[pʰetravór grič]
Bleistift (m)	մատիտ	[matít]
Faserschreiber (m)	նշիչ	[nšič]
Filzstift (m)	ֆլոմաստեր	[flomastér]
Notizblock (m)	նոթատետր	[notʰatétr]
Terminkalender (m)	օրագիրք	[oragírkʰ]
Lineal (n)	քանոն	[kʰanón]
Rechner (m)	հաշվիչ	[hašvíč]
Radiergummi (m)	ռետին	[retín]
Reißzwecke (f)	սեղնակ	[severák]
Heftklammer (f)	ամրակ	[amrák]
Klebstoff (m)	սոսինձ	[sosíndz]
Hefter (m)	ճարմանդակարիչ	[čarmandakaríč]
Locher (m)	ծակոտիչ	[tsakotíč]
Bleistiftspitzer (m)	սրիչ	[srič]

47. Fremdsprachen

Sprache (f)	լեզու	[lezú]
Fremdsprache (f)	օտար լեզու	[otár lezú]
studieren (z.B. Jura ~)	ուսումնասիրել	[usumnasirél]
lernen (Englisch ~)	սովորել	[sovorél]
lesen (vi, vt)	կարդալ	[kardál]
sprechen (vi, vt)	խոսել	[χosél]
verstehen (vt)	հասկանալ	[haskanál]
schreiben (vi, vt)	գրել	[grel]
schnell (Adv)	արագ	[arág]
langsam (Adv)	դանդաղ	[dandáġ]
fließend (Adv)	ազատ	[azát]
Regeln (pl)	կանոն	[kanón]
Grammatik (f)	քերականություն	[kʰerakanutʰjún]
Vokabular (n)	բառագիտություն	[baragitutʰjún]
Phonetik (f)	հնչյունաբանություն	[hnčjunabanutʰjún]
Lehrbuch (n)	դասագիրք	[dasagírkʰ]
Wörterbuch (n)	բառարան	[bararán]
Selbstlernbuch (n)	ինքնուսույց	[inkʰnusújtsʰ]
Sprachführer (m)	զրուցարան	[zrutsʰarán]
Kassette (f)	ձայներիզ	[dzajneríz]

Videokassette (f)	տեսաերիզ	[tesaeríz]
CD (f)	խտասկավառակ	[χtaskavarák]
DVD (f)	DVD-սկավառակ	[dividí skavarák]
Alphabet (n)	այբուբեն	[ajbubén]
buchstabieren (vt)	տառերով արտասանել	[tareróv artasanél]
Aussprache (f)	արտասանություն	[artasanutʰjún]
Akzent (m)	ակցենտ	[aktsʰént]
mit Akzent	ակցենտով	[aktsʰentóv]
ohne Akzent	առանց ակցենտ	[arántsʰ aktsʰént]
Wort (n)	բառ	[bar]
Bedeutung (f)	իմաստ	[imást]
Kurse (pl)	դասընթաց	[dasəntʰátsʰ]
sich einschreiben	գրանցվել	[grantsʰvél]
Lehrer (m)	ուսուցիչ	[usutsʰíč]
Übertragung (f)	թարգմանություն	[tʰargmanutʰjún]
Übersetzung (f)	թարգմանություն	[tʰargmanutʰjún]
Übersetzer (m)	թարգմանիչ	[tʰargmaníč]
Dolmetscher (m)	թարգմանիչ	[tʰargmaníč]
Polyglott (m, f)	պոլիգլոտ	[poliglót]
Gedächtnis (n)	հիշողություն	[hišoǧutʰjún]

T&P BOOKS

MAHLZEITEN.
RESTAURANT

T&P Books Publishing

48. Gedeck

Löffel (m)	գդալ	[gdal]
Messer (n)	դանակ	[danák]
Gabel (f)	պատառաքաղ	[patarakʰáġ]
Tasse (eine ~ Tee)	բաժակ	[baʒák]
Teller (m)	ափսե	[apʰsé]
Untertasse (f)	պնակ	[pnak]
Serviette (f)	անձեռոցիկ	[andzerotsʰík]
Zahnstocher (m)	ատամնափորիչ	[atamnapʰoríč]

49. Restaurant

Restaurant (n)	ռեստորան	[restorán]
Kaffeehaus (n)	սրճարան	[srčarán]
Bar (f)	բար	[bar]
Teesalon (m)	թեյարան	[tʰejarán]
Kellner (m)	մատուցող	[matutsʰóġ]
Kellnerin (f)	մատուցողուհի	[matutsʰoġuhí]
Barmixer (m)	բարմեն	[barmén]
Speisekarte (f)	մենյու	[menjú]
Weinkarte (f)	գինիների գրացանկ	[gininerí gratsʰánk]
einen Tisch reservieren	սեղան պատվիրել	[seġán patvirél]
Gericht (n)	ուտեստ	[utést]
bestellen (vt)	պատվիրել	[patvirél]
eine Bestellung aufgeben	պատվեր կատարել	[patvér katarél]
Aperitif (m)	ապերիտիվ	[aperitív]
Vorspeise (f)	խորտիկ	[χortík]
Nachtisch (m)	աղանդեր	[aġandér]
Rechnung (f)	հաշիվ	[hašív]
Rechnung bezahlen	հաշիվը փակել	[hašívə pʰakél]
das Wechselgeld geben	մանրը վերադարձնել	[mánrə veradartsnél]
Trinkgeld (n)	թեյավճար	[tʰejapʰóġ]

50. Mahlzeiten

Essen (n)	կերակուր	[kerakúr]
essen (vi, vt)	ուտել	[utél]

Frühstück (n)	նախաճաշ	[naχačáš]
frühstücken (vi)	նախաճաշել	[naχačašél]
Mittagessen (n)	ճաշ	[čaš]
zu Mittag essen	ճաշել	[čašél]
Abendessen (n)	ընթրիք	[əntʰríkʰ]
zu Abend essen	ընթրել	[əntʰrél]

| Appetit (m) | ախորժակ | [aχorʒák] |
| Guten Appetit! | Բարի ախորժա'կ | [barí aχorʒák] |

öffnen (vt)	բացել	[batsʰél]
verschütten (vt)	թափել	[tʰapʰél]
verschüttet werden	թափվել	[tʰapʰvél]

kochen (vi)	եռալ	[erál]
kochen (Wasser ~)	եռացնել	[eratsʰnél]
gekocht (Adj)	եռացրած	[eratsʰráts]
kühlen (vt)	սառեցնել	[saretsʰnél]
abkühlen (vi)	սառեցվել	[saretsʰvél]

| Geschmack (m) | համ | [ham] |
| Beigeschmack (m) | կողմնակի համ | [koǧmnakí ham] |

auf Diät sein	նիհարել	[niharél]
Diät (f)	սննդակարգ	[snndakárg]
Vitamin (n)	վիտամին	[vitamín]
Kalorie (f)	կալորիա	[kalória]
Vegetarier (m)	բուսակեր	[busakér]
vegetarisch (Adj)	բուսակերական	[busakerakán]

Fett (n)	ճարպեր	[čarpér]
Protein (n)	սպիտակուցներ	[spitakutsʰnér]
Kohlenhydrat (n)	ածխաջրեր	[atsχadʒrér]
Scheibchen (n)	պատառ	[patár]
Stück (ein ~ Kuchen)	կտոր	[ktor]
Krümel (m)	փշուր	[pʰšur]

51. Gerichte

Gericht (n)	ճաշատեսակ	[čašatesák]
Küche (f)	խոհանոց	[χohanótsʰ]
Rezept (n)	բաղադրատոմս	[baǧadratóms]
Portion (f)	բաժին	[baʒín]

| Salat (m) | աղցան | [aǧtsʰán] |
| Suppe (f) | ապուր | [apúr] |

Brühe (f), Bouillon (f)	մսաջուր	[msadʒúr]
belegtes Brot (n)	բրդուճ	[brdučʰ]
Spiegelei (n)	ձվածեղ	[dzvatséǧ]

| Hamburger (m) | համբուրգեր | [hamburgér] |
| Beefsteak (n) | բիֆշտեքս | [bifštékʰs] |

Beilage (f)	գառնիր	[garnír]
Spaghetti (pl)	սպագետի	[spagétti]
Kartoffelpüree (n)	կարտոֆիլի պյուրե	[kartofilí pjuré]
Pizza (f)	պիցցա	[písʰa]
Brei (m)	շիլա	[šilá]
Omelett (n)	ձվածեղ	[dzvatséģ]

gekocht	եփած	[epʰáts]
geräuchert	ապխտած	[apχtáts]
gebraten	տապակած	[tapakáts]
getrocknet	չորացրած	[čoratsʰráts]
tiefgekühlt	սառեցված	[saretsʰváts]
mariniert	մարինացված	[marinatsʰváts]

süß	քաղցր	[kʰaģtsʰr]
salzig	աղի	[aģí]
kalt	սառը	[sárə]
heiß	տաք	[takʰ]
bitter	դառը	[dárə]
lecker	համեղ	[haméģ]

kochen (vt)	եփել	[epʰél]
zubereiten (vt)	պատրաստել	[patrastél]
braten (vt)	տապակել	[tapakél]
aufwärmen (vt)	տաքացնել	[takʰatsʰnél]

salzen (vt)	աղ անել	[aģ anél]
pfeffern (vt)	պղպեղ անել	[pģpéģ anél]
reiben (vt)	քերել	[kʰerél]
Schale (f)	կլեպ	[klep]
schälen (vt)	կլպել	[klpel]

52. Essen

Fleisch (n)	միս	[mis]
Hühnerfleisch (n)	հավ	[hav]
Küken (n)	ճուտ	[čut]
Ente (f)	բադ	[bad]
Gans (f)	սագ	[sag]
Wild (n)	որսամիս	[vorsamís]
Pute (f)	հնդկահավ	[hndkaháv]

Schweinefleisch (n)	խոզի միս	[χozí mis]
Kalbfleisch (n)	հորթի միս	[hortʰí mís]
Hammelfleisch (n)	ոչխարի միս	[vočχarí mis]
Rindfleisch (n)	տավարի միս	[tavarí mis]
Kaninchenfleisch (n)	ճագար	[čagár]

Wurst (f)	երշիկ	[eršík]
Würstchen (n)	նրբերշիկ	[nrberšík]
Schinkenspeck (m)	բեկոն	[bekón]
Schinken (m)	խոզապուխտ	[χozapúχt]
Räucherschinken (m)	ազդր	[azdr]

Pastete (f)	պաշտետ	[paštét]
Leber (f)	լյարդ	[ljard]
Hackfleisch (n)	աղացած միս	[aġatsʰáts mis]
Zunge (f)	լեզու	[lezú]

Ei (n)	ձու	[dzu]
Eier (pl)	ձվեր	[dzver]
Eiweiß (n)	սպիտակուց	[spitakútsʰ]
Eigelb (n)	դեղնուց	[deġnútsʰ]

Fisch (m)	ձուկ	[dzuk]
Meeresfrüchte (pl)	ծովամթերքներ	[tsovamtʰerkʰnér]
Kaviar (m)	ձկնկիթ	[dzknkitʰ]

Krabbe (f)	ծովախեցգետին	[tsovaχetsʰgetín]
Garnele (f)	մանր ծովախեցգետին	[mánr tsovaχetsʰgetín]
Auster (f)	ուստրե	[vostré]
Languste (f)	լանգուստ	[langúst]
Krake (m)	ութոտնուկ	[utʰotnúk]
Kalmar (m)	կաղամար	[kaġamár]

Störfleisch (n)	թառափ	[tʰarápʰ]
Lachs (m)	սաղման	[saġmán]
Heilbutt (m)	վահանաձուկ	[vahanadzúk]

Dorsch (m)	ձողաձուկ	[dzoġadzúk]
Makrele (f)	թյունիկ	[tʰjuník]
Tunfisch (m)	թյունոս	[tʰjunnós]
Aal (m)	օձաձուկ	[odzadzúk]

Forelle (f)	իշխան	[išχán]
Sardine (f)	սարդինա	[sardína]
Hecht (m)	գայլաձուկ	[gajladzúk]
Hering (m)	ծովատառեխ	[tsovataréχ]

Brot (n)	հաց	[hatsʰ]
Käse (m)	պանիր	[panír]
Zucker (m)	շաքար	[šakʰár]
Salz (n)	աղ	[aġ]

Reis (m)	բրինձ	[brindz]
Teigwaren (pl)	մակարոն	[makarón]
Nudeln (pl)	լափշա	[lapʰšá]

| Butter (f) | սերուցքային կարագ | [serutsʰkʰajín karág] |
| Pflanzenöl (n) | բուսական յուղ | [busakán júġ] |

| Sonnenblumenöl (n) | արևածաղկի ձեթ | [arevatsaġkí dzet^h] |
| Margarine (f) | մարգարին | [margarín] |

| Oliven (pl) | զեյթուն | [zeytún] |
| Olivenöl (n) | ձիթապտղի ձեթ | [dzit^haptġí dzet^h] |

Milch (f)	կաթ	[kat^h]
Kondensmilch (f)	խտացրած կաթ	[χtats^hráts kát^h]
Joghurt (m)	յոգուրտ	[jogúrt]
saure Sahne (f)	թթվասեր	[t^ht^hvasér]
Sahne (f)	սերուցք	[serúts^hk^h]

| Mayonnaise (f) | մայոնեզ | [majonéz] |
| Buttercreme (f) | կրեմ | [krem] |

Grütze (f)	ձավար	[dzavár]
Mehl (n)	ալյուր	[aljúr]
Konserven (pl)	պահածոներ	[pahatsonér]

Maisflocken (pl)	եգիպտացորենի փաթիլներ	[egiptats^horení p^hat^hilnér]
Honig (m)	մեղր	[meġr]
Marmelade (f)	ջեմ	[dʒem]
Kaugummi (m, n)	մաստակ	[masták]

53. Getränke

Wasser (n)	ջուր	[dʒur]
Trinkwasser (n)	խմելու ջուր	[χmelú dʒur]
Mineralwasser (n)	հանքային ջուր	[hank^hajín dʒúr]

still	առանց գազի	[aránts^h gazí]
mit Kohlensäure	գազավորված	[gazavorváts]
mit Gas	գազով	[gazóv]
Eis (n)	սառույց	[sarújts^h]
mit Eis	սառույցով	[saruts^hóv]

alkoholfrei (Adj)	ոչ ալկոհոլային	[voč alkoholajín]
alkoholfreies Getränk (n)	ոչ ալկոհոլային ըմպելիք	[voč alkoholajín əmpelík^h]
Erfrischungsgetränk (n)	զովացուցիչ ըմպելիք	[zovats^huts^híč əmpelík^h]
Limonade (f)	լիմոնադ	[limonád]

Spirituosen (pl)	ալկոհոլային խմիչքներ	[alkoholajín χmičk^hnér]
Wein (m)	գինի	[giní]
Weißwein (m)	սպիտակ գինի	[spiták giní]
Rotwein (m)	կարմիր գինի	[karmír giní]

Likör (m)	լիկյոր	[likjor]
Champagner (m)	շամպայն	[šampájn]
Wermut (m)	վերմուտ	[vérmut]

Whisky (m)	վիսկի	[víski]
Wodka (m)	օղի	[oģí]
Gin (m)	ջին	[ʤin]
Kognak (m)	կոնյակ	[konják]
Rum (m)	ռոմ	[rom]

Kaffee (m)	սուրճ	[surč]
schwarzer Kaffee (m)	սև սուրճ	[sev surč]
Milchkaffee (m)	կաթով սուրճ	[katʰóv súrč]
Cappuccino (m)	սերուցքով սուրճ	[serutsʰkʰóv surč]
Pulverkaffee (m)	լուծվող սուրճ	[lutsvóģ súrč]

Milch (f)	կաթ	[katʰ]
Cocktail (m)	կոկտեյլ	[koktéjl]
Milchcocktail (m)	կաթնային կոկտեյլ	[katʰnajín koktéjl]

Saft (m)	հյութ	[hjutʰ]
Tomatensaft (m)	տոմատի հյութ	[tomatí hjútʰ]
Orangensaft (m)	նարնջի հյութ	[narnʤí hjutʰ]
frisch gepresster Saft (m)	թարմ քամված հյութ	[tʰarm kʰamváts hjutʰ]

Bier (n)	գարեջուր	[gareʤúr]
Helles (n)	բաց գարեջուր	[batsʰ gareʤúr]
Dunkelbier (n)	մուգ գարեջուր	[múg gareʤúr]

Tee (m)	թեյ	[tʰej]
schwarzer Tee (m)	սև թեյ	[sev tʰej]
grüner Tee (m)	կանաչ թեյ	[kanáč tʰej]

54. Gemüse

| Gemüse (n) | բանջարեղեն | [banʤareģén] |
| grünes Gemüse (pl) | կանաչի | [kanačí] |

Tomate (f)	լոլիկ	[lolík]
Gurke (f)	վարունգ	[varúng]
Karotte (f)	գազար	[gazár]
Kartoffel (f)	կարտոֆիլ	[kartofíl]
Zwiebel (f)	սոխ	[soχ]
Knoblauch (m)	սխտոր	[sχtor]

Kohl (m)	կաղամբ	[kaģámb]
Blumenkohl (m)	ծաղկակաղամբ	[tsaģkakaģámb]
Rosenkohl (m)	բրյուսելյան կաղամբ	[brjuselján kaģámb]
Brokkoli (m)	կաղամբ բրոկոլի	[kaģámb brokóli]

Rote Bete (f)	բազուկ	[bazúk]
Aubergine (f)	սմբուկ	[smbuk]
Zucchini (f)	դդմիկ	[ddmik]
Kürbis (m)	դդում	[ddum]

Rübe (f)	շաղգամ	[šaġgám]
Petersilie (f)	մաղադանոս	[maġadanós]
Dill (m)	սամիթ	[samítʰ]
Kopf Salat (m)	սալաթ	[salátʰ]
Sellerie (m)	նեխուր	[neχúr]
Spargel (m)	ծնեբեկ	[tsnebék]
Spinat (m)	սպինատ	[spinát]

Erbse (f)	սիսեռ	[sisér]
Bohnen (pl)	լոբի	[lobí]
Mais (m)	եգիպտացորեն	[egiptatsʰorén]
weiße Bohne (f)	լոբի	[lobí]

Paprika (m)	պղպեղ	[pġpeġ]
Radieschen (n)	բողկ	[boġk]
Artischocke (f)	արտիճուկ	[artičúk]

55. Obst. Nüsse

Frucht (f)	միրգ	[mirg]
Apfel (m)	խնձոր	[χndzor]
Birne (f)	տանձ	[tandz]
Zitrone (f)	կիտրոն	[kitrón]
Apfelsine (f)	նարինջ	[naríndʒ]
Erdbeere (f)	ելակ	[elák]

Mandarine (f)	մանդարին	[mandarín]
Pflaume (f)	սալոր	[salór]
Pfirsich (m)	դեղձ	[deġdz]
Aprikose (f)	ծիրան	[tsirán]
Himbeere (f)	մորի	[morí]
Ananas (f)	արքայախնձոր	[arkʰajaχndzór]

Banane (f)	բանան	[banán]
Wassermelone (f)	ձմերուկ	[dzmerúk]
Weintrauben (pl)	խաղող	[χaġóġ]
Sauerkirsche (f)	բալ	[bal]
Süßkirsche (f)	կեռաս	[kerás]
Melone (f)	սեխ	[seχ]

Grapefruit (f)	գրեյպֆրուտ	[grejpfrút]
Avocado (f)	ավոկադո	[avokádo]
Papaya (f)	պապայա	[papája]
Mango (f)	մանգո	[mángo]
Granatapfel (m)	նուռ	[nur]

rote Johannisbeere (f)	կարմիր հաղարջ	[karmír haġárdʒ]
schwarze Johannisbeere (f)	սև հաղարջ	[sév haġárdʒ]
Stachelbeere (f)	հաղարջ	[haġárdʒ]

| Heidelbeere (f) | հապալաս | [hapalás] |
| Brombeere (f) | մոշ | [moš] |

Rosinen (pl)	չամիչ	[čamíč]
Feige (f)	թուզ	[tʰuz]
Dattel (f)	արմավ	[armáv]

Erdnuss (f)	գետնընկույզ	[getnənkújz]
Mandel (f)	նուշ	[nuš]
Walnuss (f)	ընկույզ	[ənkújz]
Haselnuss (f)	պնդուկ	[pnduk]
Kokosnuss (f)	կոկոսի ընկույզ	[kokósi ənkújz]
Pistazien (pl)	պիստակ	[pisták]

56. Brot. Süßigkeiten

Konditorwaren (pl)	հրուշակեղեն	[hrušakeğén]
Brot (n)	հաց	[hatsʰ]
Keks (m, n)	թխվածքաբլիթ	[tʰχvatskʰablítʰ]

Schokolade (f)	շոկոլադ	[šokolád]
Schokoladen-	շոկոլադե	[šokoladé]
Bonbon (m, n)	կոնֆետ	[konfét]
Kuchen (m)	հրուշակ	[hrušák]
Torte (f)	տորթ	[tortʰ]

| Kuchen (Apfel-) | կարկանդակ | [karkandák] |
| Füllung (f) | լցոն | [ltsʰon] |

Konfitüre (f)	մուրաբա	[murabá]
Marmelade (f)	մարմելադ	[marmelád]
Waffeln (pl)	վաֆլի	[vaflí]
Eis (n)	պաղպաղակ	[pağpağák]

57. Gewürze

Salz (n)	աղ	[ağ]
salzig (Adj)	աղի	[ağí]
salzen (vt)	աղ անել	[ağ anél]

schwarzer Pfeffer (m)	սև պղպեղ	[sev pğpéğ]
roter Pfeffer (m)	կարմիր պղպեղ	[karmír pğpéğ]
Senf (m)	մանանեխ	[mananéχ]
Meerrettich (m)	ծովաբողկ	[tsovabóğk]

Gewürz (n)	համեմունք	[hamemúnkʰ]
Gewürz (n)	համեմունք	[hamemúnkʰ]
Soße (f)	սոուս	[soús]

Essig (m)	քացախ	[kʰatsʰáχ]
Anis (m)	անիսոն	[anisón]
Basilikum (n)	ռեհան	[rehán]
Nelke (f)	մեխակ	[meχák]
Ingwer (m)	իմբիր	[imbír]
Koriander (m)	գինձ	[gindz]
Zimt (m)	դարչին	[darčín]
Sesam (m)	քնջութ	[kʰndʒutʰ]
Lorbeerblatt (n)	դափնու տերև	[dapʰnú terév]
Paprika (m)	պապրիկա	[páprika]
Kümmel (m)	չաման	[čamán]
Safran (m)	շաֆրան	[šafrán]

T&P BOOKS

PERSÖNLICHE INFORMATIONEN. FAMILIE

T&P Books Publishing

Vorname (m)	անուն	[anún]
Name (m)	ազգանուն	[azganún]
Geburtsdatum (n)	ծննդյան ամսաթիվ	[tsnndján amsatʰív]
Geburtsort (m)	ծննդավայր	[tsnndavájr]

Nationalität (f)	ազգություն	[azgutʰjún]
Wohnort (m)	բնակության վայրը	[bnakutʰján vájrə]
Land (n)	երկիր	[erkír]
Beruf (m)	մասնագիտություն	[masnagitʰjún]

Geschlecht (n)	սեռ	[ser]
Größe (f)	հասակ	[hasák]
Gewicht (n)	քաշ	[kʰaš]

Mutter (f)	մայր	[majr]
Vater (m)	հայր	[hajr]
Sohn (m)	որդի	[vordí]
Tochter (f)	դուստր	[dustr]

jüngste Tochter (f)	կրտսեր դուստր	[krtsér dústr]
jüngste Sohn (m)	կրտսեր որդի	[krtsér vordí]
ältere Tochter (f)	ավագ դուստր	[avág dústr]
älterer Sohn (m)	ավագ որդի	[avág vordí]

| Bruder (m) | եղբայր | [eġbájr] |
| Schwester (f) | քույր | [kʰujr] |

Mama (f)	մայրիկ	[majrík]
Papa (m)	հայրիկ	[hajrík]
Eltern (pl)	ծնողներ	[tsnoġnér]
Kind (n)	երեխա	[ereχá]
Kinder (pl)	երեխաներ	[ereχanér]
Großmutter (f)	տատիկ	[tatík]
Großvater (m)	պապիկ	[papík]
Enkel (m)	թոռ	[tʰor]
Enkelin (f)	թոռնուհի	[tʰornuhí]
Enkelkinder (pl)	թոռներ	[tʰornér]
Neffe (m)	քրոջորդի, քրոջ աղջիկ	[kʰrodʒordí], [kʰrodʒ aġdʒík]
Nichte (f)	եղբորորդի, եղբոր աղջիկ	[eġborordí], [eġbór aġdʒík]

Schwiegermutter (f)	զոքանչ	[zokʰánč]
Schwiegervater (m)	սկեսրայր	[skesrájr]
Schwiegersohn (m)	փեսա	[pʰesá]
Stiefmutter (f)	խորթ մայր	[xortʰ majr]
Stiefvater (m)	խորթ հայր	[xortʰ hajr]
Säugling (m)	ծծկեր երեխա	[tstskér ereχá]
Kleinkind (n)	մանուկ	[manúk]
Kleine (m)	պստիկ	[pstik]
Frau (f)	կին	[kin]
Mann (m)	ամուսին	[amusín]
Ehemann (m)	ամուսին	[amusín]
Gemahlin (f)	կին	[kin]
verheiratet (Ehemann)	ամուսնացած	[amusnatsʰáts]
verheiratet (Ehefrau)	ամուսնացած	[amusnatsʰáts]
ledig	ամուրի	[amurí]
Junggeselle (m)	ամուրի	[amurí]
geschieden (Adj)	ամուսնալուծված	[amusnalutsváts]
Witwe (f)	այրի կին	[ajrí kin]
Witwer (m)	այրի տղամարդ	[ajrí tġamárd]
Verwandte (m)	ազգական	[azgakán]
naher Verwandter (m)	մերձավոր ազգական	[merdzavór azgakán]
entfernter Verwandter (m)	հեռավոր ազգական	[heravór azgakán]
Verwandte (pl)	հարազատներ	[harazatnér]
Waise (m, f)	որբ	[vorb]
Vormund (m)	խնամակալ	[χnamakál]
adoptieren (einen Jungen)	որդեգրել	[vordegrél]
adoptieren (ein Mädchen)	որդեգրել	[vordegrél]

60. Freunde. Arbeitskollegen

Freund (m)	ընկեր	[ənkér]
Freundin (f)	ընկերուհի	[ənkeruhí]
Freundschaft (f)	ընկերություն	[ənkerutʰjún]
befreundet sein	ընկերություն անել	[ənkerutʰjún anél]
Freund (m)	բարեկամ	[barekám]
Freundin (f)	բարեկամուհի	[barekamuhí]
Partner (m)	գործընկեր	[gortsənkér]
Chef (m)	շեֆ	[šef]
Vorgesetzte (m)	պետ	[pet]
Untergeordnete (m)	ենթակա	[entʰaká]
Kollege (m), Kollegin (f)	գործընկեր	[gortsənkér]
Bekannte (m)	ծանոթ	[tsanótʰ]
Reisegefährte (m)	ուղեկից	[uġekítsʰ]

Mitschüler (m)	համադասարանցի	[hamadasarantsʰí]
Nachbar (m)	հարևան	[hareván]
Nachbarin (f)	հարևանուհի	[harevanuhí]
Nachbarn (pl)	հարևաններ	[harevannér]

T&P BOOKS

MENSCHLICHER KÖRPER. MEDIZIN

T&P Books Publishing

61. Kopf

Kopf (m)	գլուխ	[gluχ]
Gesicht (n)	երես	[erés]
Nase (f)	քիթ	[kʰitʰ]
Mund (m)	բերան	[berán]
Auge (n)	աչք	[ačkʰ]
Augen (pl)	աչքեր	[ačkʰér]
Pupille (f)	բիբ	[bib]
Augenbraue (f)	ունք	[unkʰ]
Wimper (f)	թարթիչ	[tʰartʰíč]
Augenlid (n)	կոպ	[kap]
Zunge (f)	լեզու	[lezú]
Zahn (m)	ատամ	[atám]
Lippen (pl)	շրթունքներ	[šrtʰunkʰnér]
Backenknochen (pl)	այտոսկրեր	[ajtoskrér]
Zahnfleisch (n)	լինդ	[lind]
Gaumen (m)	քիմք	[kimkʰ]
Nasenlöcher (pl)	քթածակեր	[kʰtʰatsakér]
Kinn (n)	կզակ	[kzak]
Kiefer (m)	ծնոտ	[tsnot]
Wange (f)	այտ	[ajt]
Stirn (f)	ճակատ	[čakát]
Schläfe (f)	քներակ	[kʰnerák]
Ohr (n)	ականջ	[akándʒ]
Nacken (m)	ծոծրակ	[tsotsrák]
Hals (m)	պարանոց	[paranótsʰ]
Kehle (f)	կոկորդ	[kokórd]
Haare (pl)	մազեր	[mazér]
Frisur (f)	սանրվածք	[sanrvátskʰ]
Haarschnitt (m)	սանրվածք	[sanrvátskʰ]
Perücke (f)	կեղծամ	[keġtsám]
Schnurrbart (m)	բեղեր	[beġér]
Bart (m)	մորուք	[morúkʰ]
haben (einen Bart ~)	կրել	[krel]
Zopf (m)	հյուս	[hjus]
Backenbart (m)	այտամորուք	[ajtamorúkʰ]
rothaarig	շիկահեր	[šikahér]
grau	ալեհեր	[alehér]

| kahl | ճաղատ | [čaġát] |
| Glatze (f) | ճաղատ | [čaġát] |

| Pferdeschwanz (m) | պոչ | [poč] |
| Pony (Ponyfrisur) | մազափունջ | [mazapʰúndʒ] |

62. Menschlicher Körper

| Hand (f) | դաստակ | [dasták] |
| Arm (m) | թև | [tʰev] |

| Finger (m) | մատ | [mat] |
| Daumen (m) | բութ մատ | [butʰ mát] |

| kleiner Finger (m) | ճկույթ | [čkujtʰ] |
| Nagel (m) | եղունգ | [eġúng] |

Faust (f)	բռունցք	[bruntsʰkʰ]
Handfläche (f)	ափ	[apʰ]
Handgelenk (n)	դաստակ	[dasták]
Unterarm (m)	նախաբազուկ	[naxabazúk]

| Ellbogen (m) | արմունկ | [armúnk] |
| Schulter (f) | ուս | [us] |

Bein (n)	ոտք	[votkʰ]
Fuß (m)	ոտնաթաթ	[votnatʰátʰ]
Knie (n)	ծունկ	[tsunk]
Wade (f)	սրունք	[srunkʰ]

| Hüfte (f) | ազդր | [azdr] |
| Ferse (f) | կրունկ | [krunk] |

Körper (m)	մարմին	[marmín]
Bauch (m)	փոր	[pʰor]
Brust (f)	կրծքավանդակ	[krtskʰavandák]
Busen (m)	կուրծք	[kurtskʰ]
Seite (f), Flanke (f)	կող	[koġ]
Rücken (m)	մեջք	[medʒkʰ]

| Kreuz (n) | գոտկատեղ | [gotkatéġ] |
| Taille (f) | գոտկատեղ | [gotkatéġ] |

Nabel (m)	պորտ	[port]
Gesäßbacken (pl)	նստատեղ	[nstatéġ]
Hinterteil (n)	հետույք	[hetújkʰ]

Leberfleck (m)	խալ	[xal]
Tätowierung (f)	դաջվածք	[dadʒvátskʰ]
Narbe (f)	սպի	[spi]

63. Krankheiten

Krankheit (f)	հիվանդություն	[hivanduthjún]
krank sein	հիվանդ լինել	[hivánd linél]
Gesundheit (f)	առողջություն	[aroǵdʒuthjún]

Schnupfen (m)	հարբուխ	[harbúχ]
Angina (f)	անգինա	[angína]
Erkältung (f)	մրսածություն	[mrsatsuthjún]
sich erkälten	մրսել	[mrsel]

Bronchitis (f)	բրոնխիտ	[bronχít]
Lungenentzündung (f)	թոքերի բորբոքում	[thokherí borbokhúm]
Grippe (f)	գրիպ	[grip]

kurzsichtig	կարճատես	[karčatés]
weitsichtig	հեռատես	[herahós]
Schielen (n)	շլություն	[šluthjún]
schielend (Adj)	շլախ	[šlačkh]
grauer Star (m)	կատարակտա	[katarákta]
Glaukom (n)	գլաուկոմա	[glaukóma]

Schlaganfall (m)	ուղեղի կաթված	[uǵeǵí kathváts]
Infarkt (m)	ինֆարկտ	[infárkt]
Herzinfarkt (m)	սրտամկանի կաթված	[srtamkaní kathváts]
Lähmung (f)	կաթված	[kathváts]
lähmen (vt)	կաթվածել	[kathvatsél]

Allergie (f)	ալերգիա	[alergía]
Asthma (n)	աստմա	[asthmá]
Diabetes (m)	շաքարախտ	[šakharáχt]

| Zahnschmerz (m) | ատամնացավ | [atamnatsháv] |
| Karies (f) | կարիես | [karíes] |

Durchfall (m)	լույծ	[lujts]
Verstopfung (f)	փորկապություն	[phorkaputhjún]
Magenverstimmung (f)	ստամոքսի խանգարում	[stamokhsí χangarúm]
Vergiftung (f)	թունավորում	[thunavorúm]
Vergiftung bekommen	թունավորվել	[thunavorvél]

Arthritis (f)	հոդի բորբոքում	[hodí borbokhúm]
Rachitis (f)	ռախիտ	[raχít]
Rheumatismus (m)	հոդացավ	[hodatsháv]
Atherosklerose (f)	աթերոսկլերոզ	[atheroskleróz]

Gastritis (f)	գաստրիտ	[gastrít]
Blinddarmentzündung (f)	ապենդիցիտ	[apenditshít]
Cholezystitis (f)	խոլեցիստիտ	[χoletshistít]
Geschwür (n)	խոց	[χotsh]
Masern (pl)	կարմրուկ	[karmrúk]

Röteln (pl)	կարմրախտ	[karmráχt]
Gelbsucht (f)	դեղնախ	[deǵnáχ]
Hepatitis (f)	հեպատիտ	[hepatít]

Schizophrenie (f) *	շիզոֆրենիա	[šizofrenía]
Tollwut (f)	կատաղություն	[kataǵutʰjún]
Neurose (f)	նեվրոզ	[nevróz]
Gehirnerschütterung (f)	ուղեղի ցնցում	[uǵeǵí tsʰntsʰúm]

Krebs (m)	քաղցկեղ	[kʰaǵtskéǵ]
Sklerose (f)	կարծրախտ	[kartsráχt]
multiple Sklerose (f)	ցրված կարծրախտ	[tsʰrváts kartsráχt]

Alkoholismus (m)	հարբեցողություն	[harbetsʰoǵutʰjún]
Alkoholiker (m)	հարբեցող	[harbetsʰóǵ]
Syphilis (f)	սիֆիլիս	[sifilís]
AIDS	ՁԻԱՁ	[dziáh]

Tumor (m)	ուռուցք	[urútsʰkʰ]
bösartig	չարորակ	[čarorák]
gutartig	բարորակ	[barorák]

Fieber (n)	տենդ	[tend]
Malaria (f)	մալարիա	[malaría]
Gangrän (f, n)	փտախտ	[pʰtaχt]
Seekrankheit (f)	ծովային հիվանդություն	[tsovajín hivandutʰjún]
Epilepsie (f)	ընկնավորություն	[ənknavorutʰjún]

Epidemie (f)	համաճարակ	[hamačarák]
Typhus (m)	տիֆ	[tif]
Tuberkulose (f)	պալարախտ	[palaráχt]
Cholera (f)	խոլերա	[χoléra]
Pest (f)	ժանտախտ	[žantáχt]

64. Symptome. Behandlungen. Teil 1

Symptom (n)	նախանշան	[naχanšán]
Temperatur (f)	ջերմաստիճան	[dzermastičán]
Fieber (n)	բաձր ջերմաստիճան	[bárdzr dzermastičán]
Puls (m)	զարկերակ	[zarkerák]

Schwindel (m)	գլխապտույտ	[glχaptújt]
heiß (Stirne usw.)	տաք	[takʰ]
Schüttelfrost (m)	դողէրոցք	[doǵērótsʰkʰ]
blass (z.B. -es Gesicht)	գունատ	[gunát]

Husten (m)	հազ	[haz]
husten (vi)	հազալ	[hazál]
niesen (vi)	փռշտալ	[pʰrštál]
Ohnmacht (f)	ուշագնացություն	[ušagnatsʰutʰjún]

ohnmächtig werden	ուշագնաց լինել	[ušagnátsʰ linél]
blauer Fleck (m)	կապտուկ	[kaptúk]
Beule (f)	ուռուցք	[urútsʰkʰ]
sich stoßen	խփվել	[xpʰvel]
Prellung (f)	վնասվածք	[vnasvátskʰ]
sich stoßen	վնասվածք ստանալ	[vnasvátskʰ stanál]
hinken (vi)	կաղալ	[kaǧál]
Verrenkung (f)	հոդախախտում	[hodaxaxtúm]
ausrenken (vt)	հոդախախտել	[hodaxaxtél]
Fraktur (f)	կոտրվածք	[kotrvátskʰ]
brechen (Arm usw.)	կոտրվածք ստանալ	[kotrvátskʰ stanál]
Schnittwunde (f)	կտրված վերք	[ktrvats verkʰ]
sich schneiden	կտրել	[ktrel]
Blutung (f)	արյունահոսություն	[arjunahosutʰjún]
Verbrennung (f)	այրվածք	[ajrvátskʰ]
sich verbrennen	այրվել	[ajrvél]
stechen (vt)	ծակել	[tsakél]
sich stechen	ծակել	[tsakél]
verletzen (vt)	վնասել	[vnasél]
Verletzung (f)	վնասվածք	[vnasvátskʰ]
Wunde (f)	վերք	[verkʰ]
Trauma (n)	վնասվածք	[vnasvátskʰ]
irrereden (vi)	զառանցել	[zarantsʰél]
stottern (vi)	կակազել	[kakazél]
Sonnenstich (m)	արևահարություն	[arevaharutʰjún]

65. Symptome. Behandlungen. Teil 2

Schmerz (m)	ցավ	[tsʰav]
Splitter (m)	փուշ	[pʰuš]
Schweiß (m)	քրտինք	[krtinkʰ]
schwitzen (vi)	քրտնել	[kʰrtnel]
Erbrechen (n)	փսխում	[pʰsxum]
Krämpfe (pl)	ջղաձգություն	[dʒġadzgutʰjún]
schwanger	հղի	[hgi]
geboren sein	ծնվել	[tsnvel]
Geburt (f)	ծննդաբերություն	[tsnndaberutʰjún]
gebären (vt)	ծննդաբերել	[tsnndaberél]
Abtreibung (f)	աբորտ	[abórt]
Atem (m)	շնչառություն	[šnčarutʰjún]
Atemzug (m)	ներշնչում	[neršnčúm]
Ausatmung (f)	արտաշնչում	[artašnčúm]

| ausatmen (vt) | արտաշնչել | [artašnčél] |
| einatmen (vt) | շնչել | [šnčel] |

Invalide (m)	հաշմանդամ	[hašmandám]
Krüppel (m)	խեղանդամ	[xeġandám]
Drogenabhängiger (m)	թմրամոլ	[tʰmramól]

taub	խուլ	[xul]
stumm	համր	[hamr]
taubstumm	խուլ ու համր	[xúl u hámr]

| verrückt (Adj) | խենթ | [xentʰ] |
| den Verstand verlieren | խենթանալ | [xentʰanál] |

Gen (n)	գեն	[gen]
Immunität (f)	իմունիտետ	[imunitét]
erblich	ժառանգական	[ʒarangakán]
angeboren	բնածին	[bnatsín]

Virus (m, n)	վարակ	[varák]
Mikrobe (f)	մանրէ	[manré]
Bakterie (f)	բակտերիա	[baktéria]
Infektion (f)	վարակ	[varák]

66. Symptome. Behandlungen. Teil 3

| Krankenhaus (n) | հիվանդանոց | [hivandanótsʰ] |
| Patient (m) | հիվանդ | [hivánd] |

Diagnose (f)	ախտորոշում	[aġtorošúm]
Heilung (f)	կազդուրում	[kazdurúm]
Behandlung (f)	բուժում	[buʒúm]
Behandlung bekommen	բուժվել	[buʒvél]
behandeln (vt)	բուժել	[buʒél]
pflegen (Kranke)	խնամել	[xnamél]
Pflege (f)	խնամք	[xnamkʰ]

Operation (f)	վիրահատություն	[virahatutʰjún]
verbinden (vt)	վիրակապել	[virakapél]
Verband (m)	վիրակապում	[virakapúm]

Impfung (f)	պատվաստում	[patvastúm]
impfen (vt)	պատվաստում անել	[patvastúm anél]
Spritze (f)	ներարկում	[nerarkúm]
eine Spritze geben	ներարկել	[nerarkél]

Anfall (m)	նոպա	[nópa]
Amputation (f)	անդամահատություն	[andamahatutʰjún]
amputieren (vt)	անդամահատել	[andamahatél]
Koma (n)	կոմա	[kóma]

| im Koma liegen | կոմայի մեջ գտնվել | [komají médʒ ənknél] |
| Reanimation (f) | վերակենդանացում | [verakendanats'úm] |

genesen von ... (vi)	ապաքինվել	[apak'invél]
Zustand (m)	վիճակ	[vičák]
Bewusstsein (n)	գիտակցություն	[gitakts'ut'jún]
Gedächtnis (n)	հիշողություն	[hišoğut'jún]

ziehen (einen Zahn ~)	հեռացնել	[herats'nél]
Plombe (f)	պլոմբ	[plomb]
plombieren (vt)	ատամը լցնել	[atámə lts'nél]

| Hypnose (f) | հիպնոս | [hipnós] |
| hypnotisieren (vt) | հիպնոսացնել | [hipnosats'nél] |

67. Medizin. Medikamente. Accessoires

Arznei (f)	դեղ	[değ]
Heilmittel (n)	դեղամիջոց	[değamidʒóts']
verschreiben (vt)	դուրս գրել	[durs grél]
Rezept (n)	դեղատոմս	[değatóms]

Tablette (f)	հաբ	[hab]
Salbe (f)	քսուք	[ksuk']
Ampulle (f)	ամպուլ	[ampúl]
Mixtur (f)	հեղուկ դեղախառնուրդ	[heğúk deχağarnúrd]
Sirup (m)	օշարակ	[ošarák]
Pille (f)	հաբ	[hab]
Pulver (n)	փոշի	[p'oší]

Verband (m)	վիրակապ ժապավեն	[virakáp ʒapavén]
Watte (f)	բամբակ	[bambák]
Jod (n)	յոդ	[jod]

Pflaster (n)	սպեղանի	[speğaní]
Pipette (f)	պիպետկա	[pipétka]
Thermometer (n)	ջերմաչափ	[dʒermačáp']
Spritze (f)	ներարկիչ	[nerarkíč]

| Rollstuhl (m) | սայլակ | [sajlák] |
| Krücken (pl) | հենակներ | [henaknér] |

Betäubungsmittel (n)	ցավազրկող	[ts'avazrkóg]
Abführmittel (n)	լուծողական	[lutsoğakán]
Spiritus (m)	սպիրտ	[spirt]
Heilkraut (n)	խոտաբույս	[χotabújs]
Kräuter- (z.B. Kräutertee)	խոտաբուսային	[χotabusajín]

T&P BOOKS

WOHNUNG

T&P Books Publishing

68. Wohnung

Wohnung (f)	բնակարան	[bnakarán]
Zimmer (n)	սենյակ	[senják]
Schlafzimmer (n)	ննջարան	[nndʒarán]
Esszimmer (n)	ճաշասենյակ	[čašasenják]
Wohnzimmer (n)	հյուրասենյակ	[hjurasenják]
Arbeitszimmer (n)	աշխատասենյակ	[ašχatasenják]
Vorzimmer (n)	նախասենյակ	[naχasenják]
Badezimmer (n)	լոգարան	[logarán]
Toilette (f)	զուգարան	[zugarán]
Decke (f)	առաստաղ	[arastáǵ]
Fußboden (m)	հատակ	[haták]
Ecke (f)	անկյուն	[ankjún]

69. Möbel. Innenausstattung

Möbel (n)	կահույք	[kahújkʰ]
Tisch (m)	սեղան	[seǵán]
Stuhl (m)	աթոռ	[atʰór]
Bett (n)	մահճակալ	[mahčakál]
Sofa (n)	բազմոց	[bazmótsʰ]
Sessel (m)	բազկաթոռ	[bazkatʰór]
Bücherschrank (m)	գրապահարան	[grapaharán]
Regal (n)	դարակ	[darák]
Schrank (m)	պահարան	[paharán]
Hakenleiste (f)	կախարան	[kaχarán]
Kleiderständer (m)	կախոց	[kaχótsʰ]
Kommode (f)	կոմոդ	[komód]
Couchtisch (m)	սեղանիկ	[seǵaník]
Spiegel (m)	հայելի	[hajelí]
Teppich (m)	գորգ	[gorg]
Matte (kleiner Teppich)	փոքր գորգ	[pʰokʰr gorg]
Kamin (m)	բուխարի	[buχarí]
Kerze (f)	մոմ	[mom]
Kerzenleuchter (m)	մոմակալ	[momakál]
Vorhänge (pl)	վարագույր	[varagújr]

| Tapete (f) | պաստառ | [pastár] |
| Jalousie (f) | շերտավարագույր | [šertavaragújr] |

Tischlampe (f)	սեղանի լամպ	[seǵaní lámp]
Leuchte (f)	ջահ	[dʒah]
Stehlampe (f)	ձողաջահ	[dzoǵadʒáh]
Kronleuchter (m)	ջահ	[dʒah]

Bein (Tischbein usw.)	տոտիկ	[totík]
Armlehne (f)	արմնկակալ	[armnkakál]
Lehne (f)	թիկնակ	[tʰiknák]
Schublade (f)	դարակ	[darák]

70. Bettwäsche

Bettwäsche (f)	սպիտակեղեն	[spitakeǵén]
Kissen (n)	բարձ	[bardz]
Kissenbezug (m)	բարձի երես	[bardzí erés]
Bettdecke (f)	վերմակ	[vermák]
Laken (n)	սավան	[sav170án]
Tagesdecke (f)	ծածկոց	[tsatskótsʰ]

71. Küche

Küche (f)	խոհանոց	[χohanótsʰ]
Gas (n)	գազ	[gaz]
Gasherd (m)	գազօջախ	[gazodʒáχ]
Elektroherd (m)	էլեկտրական սալօջախ	[ēlektrakán salodʒáχ]
Backofen (m)	ջեռոց	[dʒerótsʰ]
Mikrowellenherd (m)	միկրոալիքային վառարան	[mikroalikʰajín vararán]

Kühlschrank (m)	սառնարան	[sarnarán]
Tiefkühltruhe (f)	սառնախցիկ	[sarnaχtsʰík]
Geschirrspülmaschine (f)	աման լվացող մեքենա	[amán lvatsʰóǵ mekʰená]

Fleischwolf (m)	մսաղաց	[msaǵátsʰ]
Saftpresse (f)	հյութքամիչ	[hjutʰakʰamíč]
Toaster (m)	տոստեր	[tostér]
Mixer (m)	հարիչ	[haríč]

Kaffeemaschine (f)	սրճեփ	[srčepʰ]
Kaffeekanne (f)	սրճաման	[srčamán]
Kaffeemühle (f)	սրճաղաց	[srčaǵátsʰ]

Wasserkessel (m)	թեյնիկ	[tʰejník]
Teekanne (f)	թեյաման	[tʰejamán]
Deckel (m)	կափարիչ	[kapʰaríč]

Teesieb (n)	թեյքամիչ	[tʰejkʰamíč]
Löffel (m)	գդալ	[gdal]
Teelöffel (m)	թեյի գդալ	[tʰeji gdal]
Esslöffel (m)	ճաշի գդալ	[čaši gdal]
Gabel (f)	պատառաքաղ	[patarakʰáġ]
Messer (n)	դանակ	[danák]

Geschirr (n)	սպասք	[spaskʰ]
Teller (m)	ափսե	[apʰsé]
Untertasse (f)	պնակ	[pnak]

Schnapsglas (n)	րմպանակ	[əmpanák]
Glas (n)	բաժակ	[baʒák]
Tasse (f)	բաժակ	[baʒák]

Zuckerdose (f)	շաքարաման	[šakʰaramán]
Salzstreuer (m)	աղաման	[aġamán]
Pfefferstreuer (m)	պղպեղաման	[pġpeġamán]
Butterdose (f)	կարագի աման	[karagí amán]

Kochtopf (m)	կաթսա	[katʰsá]
Pfanne (f)	թավա	[tʰavá]
Schöpflöffel (m)	շերեփ	[šerépʰ]
Durchschlag (m)	քամիչ	[kʰamíč]
Tablett (n)	սկուտեղ	[skutéġ]

Flasche (f)	շիշ	[šiš]
Glas (Einmachglas)	բանկա	[banká]
Dose (f)	տարա	[tará]

Flaschenöffner (m)	բացիչ	[batsʰíč]
Dosenöffner (m)	բացիչ	[batsʰíč]
Korkenzieher (m)	խցանահան	[xtsʰanahán]
Filter (n)	զտիչ	[ztič]
filtern (vt)	զտել	[ztel]

| Müll (m) | աղբ | [aġb] |
| Mülleimer, Treteimer (m) | աղբի դույլ | [aġbi dújl] |

72. Bad

Badezimmer (n)	լոգարան	[logarán]
Wasser (n)	ջուր	[dʒur]
Wasserhahn (m)	ծորակ	[tsorák]
Warmwasser (n)	տաք ջուր	[takʰ dʒur]
Kaltwasser (n)	սառը ջուր	[sárə dʒur]

Zahnpasta (f)	ատամի մածուկ	[atamí matsúk]
Zähne putzen	ատամները մաքրել	[atamnérə makʰrél]
sich rasieren	սափրվել	[sapʰrvél]

| Rasierschaum (m) | սափրվելու փրփուր | [sapʰrvelú prpur] |
| Rasierer (m) | ածելի | [atselí] |

waschen (vt)	լվանալ	[lvanál]
sich waschen	լվացվել	[lvatsʰvél]
Dusche (f)	ցնցուղ	[tsʰntsʰuǵ]
sich duschen	դուշ ընդունել	[dúš əndunél]

Badewanne (f)	լողարան	[loǵarán]
Klosettbecken (n)	զուգարանակոնք	[zugaranakónkʰ]
Waschbecken (n)	լվացարան	[lvatsʰarán]

| Seife (f) | օճառ | [očár] |
| Seifenschale (f) | օճառաման | [očaramán] |

Schwamm (m)	սպունգ	[spung]
Shampoo (n)	շամպուն	[šampún]
Handtuch (n)	սրբիչ	[srbič]
Bademantel (m)	խալաթ	[χalátʰ]

Wäsche (f)	լվացք	[lvatsʰkʰ]
Waschmaschine (f)	լվացքի մեքենա	[lvatsʰkʰí mekená]
waschen (vt)	սպիտակեղեն լվալ	[spitakeǵén lvál]
Waschpulver (n)	լվացքի փոշի	[lvatsʰkʰí pʰoš*í]

73. Haushaltsgeräte

Fernseher (m)	հեռուստացույց	[herustatsʰújtsʰ]
Tonbandgerät (n)	մագնիտոֆոն	[magnitofón]
Videorekorder (m)	տեսամագնիտոֆոն	[tesamagnitofón]
Empfänger (m)	ընդունիչ	[ənduníč]
Player (m)	նվագարկիչ	[nvagarkíč]

Videoprojektor (m)	տեսապրոյեկտոր	[tesaproektór]
Heimkino (n)	տնային կինոթատրոն	[tʰnajín kinotʰatrón]
DVD-Player (m)	DVD նվագարկիչ	[dividí nvagarkíč]
Verstärker (m)	ուժեղացուցիչ	[uʒeǵatsʰutsʰíč]
Spielkonsole (f)	խաղային համակարգիչ	[χaǵajín hamakargíč]

Videokamera (f)	տեսախցիկ	[tesaχtsʰík]
Kamera (f)	լուսանկարչական ապարատ	[lusankarčakán aparát]
Digitalkamera (f)	թվային լուսանկարչական ապարատ	[tʰvajín lusankarčakán aparát]

Staubsauger (m)	փոշեկուլ	[pʰošekúl]
Bügeleisen (n)	արդուկ	[ardúk]
Bügelbrett (n)	արդուկի տախտակ	[ardukí taχták]
Telefon (n)	հեռախոս	[heraχós]
Mobiltelefon (n)	բջջային հեռախոս	[bdʒdʒajín heraχós]

Schreibmaschine (f)	տպող մեքենա	[tpóġ mekʰená]
Nähmaschine (f)	կարի մեքենա	[kʰarí mekʰená]
Mikrophon (n)	միկրոֆոն	[mikrofón]
Kopfhörer (m)	ականջակալեր	[akandʒakalnér]
Fernbedienung (f)	հեռակառավարման վահանակ	[herakaravarmán vahanák]
CD (f)	խտասկավառակ	[χtaskavarák]
Kassette (f)	ձայներիզ	[dzajneríz]
Schallplatte (f)	սկավառակ	[skavarák]

T&P BOOKS

DIE ERDE. WETTER

T&P Books Publishing

Kosmos (m)	տիեզերք	[tiezérkʰ]
kosmisch, Raum-	տիեզերական	[tiezerakán]
Weltraum (m)	տիեզերական տարածություն	[tiezerakán taratsutʰjún]
All (n)	աշխարհ	[ašχárh]
Universum (n)	տիեզերք	[tiezérkʰ]
Galaxie (f)	գալակտիկա	[galáktika]
Stern (m)	աստղ	[astġ]
Gestirn (n)	համաստեղություն	[hamasteġutʰjún]
Planet (m)	մոլորակ	[molorák]
Satellit (m)	արբանյակ	[arbanják]
Meteorit (m)	երկնաքար	[erknakʰár]
Komet (m)	գիսաստղ	[gisástġ]
Asteroid (m)	աստղակերպ	[astġakérp]
Umlaufbahn (f)	ուղեծիր	[uġetsír]
sich drehen	պտտվել	[ptətvél]
Atmosphäre (f)	մթնոլորտ	[mtʰnolórt]
Sonne (f)	արեգակ	[aregák]
Sonnensystem (n)	արեգակնային համակարգ	[aregaknajín hamakárg]
Sonnenfinsternis (f)	արևի խավարում	[areví χavarúm]
Erde (f)	Երկիր	[erkír]
Mond (m)	Լուսին	[lusín]
Mars (m)	Մարս	[mars]
Venus (f)	Վեներա	[venéra]
Jupiter (m)	Յուպիտեր	[jupíter]
Saturn (m)	Սատուրն	[satúrn]
Merkur (m)	Մերկուրի	[merkúri]
Uran (m)	Ուրան	[urán]
Neptun (m)	Նեպտուն	[neptún]
Pluto (m)	Պլուտոն	[plutón]
Milchstraße (f)	Կաթնածիր	[katʰnatsír]
Der Große Bär	Մեծ Արջ	[mets ardʒ]
Polarstern (m)	Բևեռային Աստղ	[beverajín ástġ]
Marsbewohner (m)	Մարսի բնակիչ	[marsí bnakíč]

Außerirdischer (m)	այլմոլորակային	[ajlmolorakajín]
außerirdisches Wesen (n)	եկվոր	[ekvór]
fliegende Untertasse (f)	թռչող ափսե	[tʰrčóġ apʰsé]
Raumschiff (n)	տիեզերանավ	[tiezeragnáts]
Raumstation (f)	ուղեծրային կայան	[uġeʦrajín kaján]
Raketenstart (m)	մեկնաթռիչք	[meknatʰríčkʰ]
Triebwerk (n)	շարժիչ	[šarʒíč]
Düse (f)	փողելք	[pʰogélkʰ]
Treibstoff (m)	վառելիք	[varelíkʰ]
Kabine (f)	խցիկ	[χʦʰik]
Antenne (f)	ալեհավաք	[alehavákʰ]
Bullauge (n)	իլյումինատոր	[iljuminátor]
Sonnenbatterie (f)	արևային մարտկոց	[arevajín martkóʦʰ]
Raumanzug (m)	սկաֆանդր	[skafándr]
Schwerelosigkeit (f)	անկշռություն	[ankšrutʰjún]
Sauerstoff (m)	թթվածին	[tʰtʰvatsín]
Ankopplung (f)	միակցում	[miakʦʰúm]
koppeln (vi)	միակցում կատարել	[miakʦʰúm katarél]
Observatorium (n)	աստղադիտարան	[astġaditarán]
Teleskop (n)	աստղադիտակ	[astġaditák]
beobachten (vt)	հետևել	[hetevél]
erforschen (vt)	հետազոտել	[hetazotél]

75. Die Erde

Erde (f)	Երկիր	[erkír]
Erdkugel (f)	երկրագունդ	[erkragúnd]
Planet (m)	մոլորակ	[molorák]
Atmosphäre (f)	մթնոլորտ	[mtʰnolórt]
Geographie (f)	աշխարհագրություն	[ašχarhagrutʰjún]
Natur (f)	բնություն	[bnutʰjún]
Globus (m)	գլոբուս	[globús]
Landkarte (f)	քարտեզ	[kʰartéz]
Atlas (m)	ատլաս	[atlás]
Europa (n)	Եվրոպա	[evrópa]
Asien (n)	Ասիա	[ásia]
Afrika (n)	Աֆրիկա	[áfrika]
Australien (n)	Ավստրալիա	[avstrália]
Amerika (n)	Ամերիկա	[amérika]
Nordamerika (n)	Հյուսիսային Ամերիկա	[hjusisajín amérika]

Südamerika (n)	Հարավային Ամերիկա	[haravajín amérika]
Antarktis (f)	Անտարկտիդա	[antarktída]
Arktis (f)	Արկտիկա	[árktika]

76. Himmelsrichtungen

Norden (m)	հյուսիս	[hjusís]
nach Norden	դեպի հյուսիս	[depí hjusís]
im Norden	հյուսիսում	[hjusisúm]
nördlich	հյուսիսային	[hjusisajín]

Süden (m)	հարավ	[haráv]
nach Süden	դեպի հարավ	[depí haráv]
im Süden	հարավում	[haravúm]
südlich	հարավային	[haravajín]

Westen (m)	արեւմուտք	[arevmútkʰ]
nach Westen	դեպի արեւմուտք	[depí arevmútkʰ]
im Westen	արեւմուտքում	[arevmutkʰúm]
westlich, West-	արեւմտյան	[arevmtján]

Osten (m)	արեւելք	[arevélkʰ]
nach Osten	դեպի արեւելք	[depí arevélkʰ]
im Osten	արեւելքում	[arevelkʰúm]
östlich	արեւելյան	[areveljján]

77. Meer. Ozean

Meer (n), See (f)	ծով	[tsov]
Ozean (m)	օվկիանոս	[ovkianós]
Golf (m)	ծոց	[tsotsʰ]
Meerenge (f)	նեղուց	[negútsʰ]

Festland (n)	ցամաք	[tsʰamákʰ]
Kontinent (m)	մայրցամաք	[majrtsʰamákʰ]
Insel (f)	կղզի	[kġzi]
Halbinsel (f)	թերակղզի	[tʰerakġzí]
Archipel (m)	արշիպելագ	[aršipelág]

Bucht (f)	ծովախորշ	[tsovaχórš]
Hafen (m)	նավահանգիստ	[navahangíst]
Lagune (f)	ծովալճակ	[tsovalčák]
Kap (n)	հրվանդան	[hrvandán]

Atoll (n)	ատոլ	[atól]
Riff (n)	խութ	[χutʰ]
Koralle (f)	մարջան	[mardʒán]
Korallenriff (n)	մարջանախութ	[mardʒanaχútʰ]

tief (Adj)	խորը	[xórə]
Tiefe (f)	խորություն	[xorutʰjún]
Abgrund (m)	անդունդ	[andúnd]
Graben (m)	ծովախորշ	[tsovaxórš]

| Strom (m) | հոսանք | [hosánkʰ] |
| umspülen (vt) | ողողել | [voǵoǵél] |

| Ufer (n) | ափ | [apʰ] |
| Küste (f) | ծովափ | [tsovápʰ] |

Flut (f)	մակընթացություն	[makəntʰatsʰutʰjún]
Ebbe (f)	տեղատվություն	[teǵatvutʰjún]
Sandbank (f)	առափնյա ծանծաղուտ	[arapʰnjá tsantsaǵút]
Boden (m)	հատակ	[haták]

Welle (f)	ալիք	[alíkʰ]
Wellenkamm (m)	ալիքի կատար	[alikʰí katár]
Schaum (m)	փրփուր	[pʰrpʰur]

Sturm (m)	փոթորիկ	[pʰotʰorík]
Orkan (m)	մրրիկ	[mrrik]
Tsunami (m)	ցունամի	[tsʰunámi]
Windstille (f)	խաղաղություն	[xaǵaǵutʰjún]
ruhig	հանգիստ	[hangíst]

| Pol (m) | բևեռ | [bevér] |
| Polar- | բևեռային | [beverajín] |

Breite (f)	լայնություն	[lajnutʰjún]
Länge (f)	երկարություն	[erkarutʰjún]
Breitenkreis (m)	զուգահեռական	[zugaherakán]
Äquator (m)	հասարակած	[hasarakáts]

Himmel (m)	երկինք	[erkínkʰ]
Horizont (m)	հորիզոն	[horizón]
Luft (f)	օդ	[od]

Leuchtturm (m)	փարոս	[pʰarós]
tauchen (vi)	սուզվել	[suzvél]
versinken (vi)	խորտակվել	[xortakvél]
Schätze (pl)	գանձեր	[gandzér]

78. Namen der Meere und Ozeane

Atlantischer Ozean (m)	Ատլանտյան օվկիանոս	[atlantján ovkianós]
Indischer Ozean (m)	Հնդկական օվկիանոս	[hndkakán ovkianós]
Pazifischer Ozean (m)	Խաղաղ օվկիանոս	[xaǵáǵ ovkianós]
Arktischer Ozean (m)	Հյուսիսային Սառուցյալ օվկիանոս	[hjusisajín sarutsʰjál ovkianós]

Schwarzes Meer (n)	Սև ծով	[sev tsov]
Rotes Meer (n)	Կարմիր ծով	[karmír tsóv]
Gelbes Meer (n)	Դեղին ծով	[deɡín tsov]
Weißes Meer (n)	Սպիտակ ծով	[spiták tsóv]

Kaspisches Meer (n)	Կասպից ծով	[kaspítsʰ tsov]
Totes Meer (n)	Մեռյալ ծով	[merjál tsov]
Mittelmeer (n)	Միջերկրական ծով	[midʒerkrakán tsov]

| Ägäisches Meer (n) | Էգեյան ծով | [ēgeján tsov] |
| Adriatisches Meer (n) | Ադրիատիկ ծով | [adriatík tsov] |

Arabisches Meer (n)	Արաբական ծով	[arabakán tsov]
Japanisches Meer (n)	Ճապոնական ծով	[čaponakán tsov]
Beringmeer (n)	Բերինգի ծով	[beringí tsóv]
Südchinesisches Meer (n)	Արևելա-Չինական ծով	[arevelá činakán tsov]

Korallenmeer (n)	Կորալյան ծով	[koralján tsov]
Tasmansee (f)	Տասմանյան ծով	[tasmanján tsov]
Karibisches Meer (n)	Կարիբյան ծով	[karibján tsóv]

| Barentssee (f) | Բարենցյան ծով | [barentsʰján tsóv] |
| Karasee (f) | Կարսի ծով | [karsí tsóv] |

Nordsee (f)	Հյուսիսային ծով	[hjusisajín tsóv]
Ostsee (f)	Բալթիկ ծով	[baltʰík tsov]
Nordmeer (n)	Նորվեգյան ծով	[norvegján tsóv]

79. Berge

Berg (m)	լեռ	[ler]
Gebirgskette (f)	լեռնաշղթա	[lernašɡtʰá]
Bergrücken (m)	լեռնագագաթ	[lernagagátʰ]

Gipfel (m)	գագաթ	[gagátʰ]
Spitze (f)	լեռնագագաթ	[lernagagátʰ]
Bergfuß (m)	ստորոտ	[storót]
Abhang (m)	սարալանջ	[saralándʒ]

Vulkan (m)	հրաբուխ	[hrabúx]
tätiger Vulkan (m)	գործող հրաբուխ	[gortsóɡ hrabúx]
schlafender Vulkan (m)	հանգած հրաբուխ	[hanɡáts hrabúx]

Ausbruch (m)	ժայթքում	[ʒajtʰkʰúm]
Krater (m)	խառնարան	[χarnarán]
Magma (n)	մագմա	[mágma]
Lava (f)	լավա	[láva]
glühend heiß (-e Lava)	շիկացած	[šikatsʰáts]
Cañon (m)	խնձահովիտ	[χndʒahovít]
Schlucht (f)	կիրճ	[kirč]

Spalte (f)	նեղ կիրճ	[neġ kirč]
Gebirgspass (m)	լեռնանցք	[lernántsʰkʰ]
Plateau (n)	սարահարթ	[sarahártʰ]
Fels (m)	ժայռ	[ʒajr]
Hügel (m)	բլուր	[blur]

Gletscher (m)	սառցադաշտ	[sartsʰadášt]
Wasserfall (m)	ջրվեժ	[dʒrveʒ]
Geiser (m)	գեյզեր	[géjzer]
See (m)	լիճ	[lič]

Ebene (f)	հարթավայր	[hartʰavájr]
Landschaft (f)	բնատեսարան	[bnatesarán]
Echo (n)	արձագանք	[ardzagánkʰ]

Bergsteiger (m)	լեռնագնաց	[lernagnátsʰ]
Kletterer (m)	ժայռամագլցող	[ʒajramagltsʰóg]
bezwingen (vt)	գերել	[gerél]
Aufstieg (m)	վերելք	[verélkʰ]

80. Namen der Berge

Alpen (pl)	Ալպեր	[alpér]
Montblanc (m)	Մոնբլան	[monblán]
Pyrenäen (pl)	Պիրինեյներ	[pirinejnér]

Karpaten (pl)	Կարպատներ	[karpatnér]
Uralgebirge (n)	Ուրալյան լեռներ	[uralján lernér]
Kaukasus (m)	Կովկաս	[kovkás]
Elbrus (m)	Էլբրուս	[ēlbrús]

Altai (m)	Ալտայ	[altáj]
Tian Shan (m)	Տյան Շան	[tjan šan]
Pamir (m)	Պամիր	[pamír]
Himalaja (m)	Հիմալայներ	[himalajnér]
Everest (m)	Էվերեստ	[ēverést]

| Anden (pl) | Անդեր | [andér] |
| Kilimandscharo (m) | Կիլիմանջարո | [kilimandʒáro] |

81. Flüsse

Fluss (m)	գետ	[get]
Quelle (f)	աղբյուր	[aġbjúr]
Flussbett (n)	հուն	[hun]
Stromgebiet (n)	ջրավազան	[dʒravazán]
einmünden in …	թափվել	[tʰapʰvél]
Nebenfluss (m)	վտակ	[vtak]

Ufer (n)	ափ	[apʰ]
Strom (m)	հոսանք	[hosánkʰ]
stromabwärts	հոսանքն ի վայր	[hosánkʰn í vájr]
stromaufwärts	հոսանքն ի վեր	[hosánkʰn í vér]

Überschwemmung (f)	հեղեղում	[heġeġúm]
Hochwasser (n)	վարարություն	[vararutʰjún]
aus den Ufern treten	վարարել	[vararél]
überfluten (vt)	հեղեղել	[heġeġél]

| Sandbank (f) | ծանծաղուտ | [tsantsaġút] |
| Stromschnelle (f) | սահանք | [sahánkʰ] |

Damm (m)	ամբարտակ	[ambarták]
Kanal (m)	ջրանցք	[dʒrántsʰkʰ]
Stausee (m)	ջրամբար	[dʒrambár]
Schleuse (f)	ջրագելակ	[dʒragelák]

Gewässer (n)	ջրավազան	[dʒravazán]
Sumpf (m), Moor (n)	ճահիճ	[čahíč]
Marsch (f)	ճահճուտ	[čahčút]
Strudel (m)	հորձանուտ	[hordzanút]

Bach (m)	առու	[arú]
Trink- (z.B. Trinkwasser)	խմելու	[χmelú]
Süß- (Wasser)	քաղցրահամ	[kʰaġtsʰrahám]

| Eis (n) | սառույց | [sarújtsʰ] |
| zufrieren (vi) | սառչել | [sarčél] |

82. Namen der Flüsse

| Seine (f) | Սենա | [séna] |
| Loire (f) | Լուարա | [luára] |

Themse (f)	Թեմզա	[tʰémza]
Rhein (m)	Ռեյն	[rejn]
Donau (f)	Դունայ	[dunáj]

Wolga (f)	Վոլգա	[vólga]
Don (m)	Դոն	[don]
Lena (f)	Լենա	[léna]

Gelber Fluss (m)	Խուանխե	[χuanχé]
Jangtse (m)	Յանցզի	[jantsʰzə]
Mekong (m)	Մեկոնգ	[mekóng]
Ganges (m)	Գանգես	[gangés]

| Nil (m) | Նեղոս | [neġós] |
| Kongo (m) | Կոնգո | [kóngo] |

Okavango (m)	Օկավանգո	[okavángo]
Sambesi (m)	Զամբեզի	[zambézi]
Limpopo (m)	Լիմպոպո	[limpopó]
Mississippi (m)	Միսիսիպի	[misisipí]

83. Wald

Wald (m)	անտառ	[antár]
Wald-	անտառային	[antarajín]
Dickicht (n)	թավուտ	[tʰavút]
Gehölz (n)	պուրակ	[purák]
Lichtung (f)	բացատ	[batsʰát]
Dickicht (n)	մացառուտ	[matsʰarút]
Gebüsch (n)	թփուտ	[tʰpʰut]
Fußweg (m)	կածան	[katsán]
Erosionsrinne (f)	ձորակ	[dzorák]
Baum (m)	ծառ	[tsar]
Blatt (n)	տերև	[terév]
Laub (n)	տերևներ	[terevnér]
Laubfall (m)	տերևաթափ	[terevatʰápʰ]
fallen (Blätter)	թափվել	[tʰapʰvél]
Wipfel (m)	կատար	[katár]
Zweig (m)	ճյուղ	[čjuǵ]
Ast (m)	ոստ	[vost]
Knospe (f)	բողբոջ	[boǵbódʒ]
Nadel (f)	փուշ	[pʰuš]
Zapfen (m)	եղունդ	[elúnd]
Höhlung (f)	փչակ	[pʰčak]
Nest (n)	բույն	[bujn]
Höhle (f)	որջ	[vordʒ]
Stamm (m)	բուն	[bun]
Wurzel (f)	արմատ	[armát]
Rinde (f)	կեղև	[keǵév]
Moos (n)	մամուռ	[mamúr]
entwurzeln (vt)	արմատախիլ անել	[armataχíl anél]
fällen (vt)	հատել	[hatél]
abholzen (vt)	անտառահատել	[antarahatél]
Baumstumpf (m)	կոճղ	[kočǵ]
Lagerfeuer (n)	խարույկ	[χarújk]
Waldbrand (m)	հրդեհ	[hrdeh]

171

löschen (vt)	հանգցնել	[hangtsʰnél]
Förster (m)	անտառապահ	[antarapáh]
Schutz (m)	պահպանություն	[pahpanutʰjún]
beschützen (vt)	պահպանել	[pahpanél]
Wilddieb (m)	որսագող	[vorsagóǧ]
Falle (f)	թակարդ	[tʰakárd]
sammeln, pflücken (vt)	հավաքել	[havakʰél]
sich verirren	մոլորվել	[molorvél]

84. natürliche Lebensgrundlagen

Naturressourcen (pl)	բնական ռեսուրսներ	[bnakán resursnér]
Bodenschätze (pl)	օգտակար հանածոներ	[ogtakár hanatsonér]
Vorkommen (n)	հանքաշերտ	[hankʰašért]
Feld (Ölfeld usw.)	հանքավայր	[hankʰavájr]
gewinnen (vt)	արդյունահանել	[ardjunahanél]
Gewinnung (f)	արդյունահանում	[ardjunahanúm]
Erz (n)	հանքաքար	[hankʰakʰár]
Bergwerk (n)	հանք	[hankʰ]
Schacht (m)	հորան	[horán]
Bergarbeiter (m)	հանքափոր	[hankʰapʰór]
Erdgas (n)	գազ	[gaz]
Gasleitung (f)	գազատար	[gazatár]
Erdöl (n)	նավթ	[navtʰ]
Erdölleitung (f)	նավթատար	[navtʰatár]
Ölquelle (f)	նավթային աշտարակ	[navtʰajín aštarák]
Bohrturm (m)	հորատման աշտարակ	[horatmán aštarák]
Tanker (m)	լցանավ	[ltsʰanáv]
Sand (m)	ավազ	[aváz]
Kalkstein (m)	կրաքար	[krakʰár]
Kies (m)	խիճ	[χič]
Torf (m)	տորֆ	[torf]
Ton (m)	կավ	[kav]
Kohle (f)	ածուխ	[atsúχ]
Eisen (n)	երկաթ	[erkátʰ]
Gold (n)	ոսկի	[voskí]
Silber (n)	արծաթ	[artsátʰ]
Nickel (n)	նիկել	[nikél]
Kupfer (n)	պղինձ	[pǧindz]
Zink (n)	ցինկ	[tsʰink]
Mangan (n)	մանգան	[mangán]
Quecksilber (n)	սնդիկ	[sndik]
Blei (n)	արճիճ	[arčíč]

Mineral (n)	հանքանյութ	[hankʰanjútʰ]
Kristall (m)	բյուրեղ	[bjuréġ]
Marmor (m)	մարմար	[marmár]
Uran (n)	ուրան	[urán]

85. Wetter

Wetter (n)	եղանակ	[eġanák]
Wetterbericht (m)	եղանակի տեսություն	[eġanakí tesutʰjún]
Temperatur (f)	ջերմաստիճան	[dʒermastičán]
Thermometer (n)	ջերմաչափ	[dʒermačápʰ]
Barometer (n)	ծանրաչափ	[tsanračápʰ]

Feuchtigkeit (f)	խոնավություն	[χonavutʰjún]
Hitze (f)	տապ	[tap]
glutheiß	շոգ	[šog]
ist heiß	շոգ է	[šog ē]

| ist warm | տաք է | [takʰ ē] |
| warm (Adj) | տաք | [takʰ] |

| ist kalt | ցուրտ է | [tsʰúrt ē] |
| kalt (Adj) | սառը | [sárə] |

Sonne (f)	արև	[arév]
scheinen (vi)	շողալ	[šoġál]
sonnig (Adj)	արևային	[arevajín]
aufgehen (vi)	ծագել	[tsagél]
untergehen (vi)	մայր մտնել	[majr mtnel]

Wolke (f)	ամպ	[amp]
bewölkt, wolkig	ամպամած	[ampamáts]
Regenwolke (f)	թուխպ	[tʰuχp]
trüb (-er Tag)	ամպամած	[ampamáts]

Regen (m)	անձրև	[andzrév]
Es regnet	անձրև է գալիս	[andzrév ē galís]
regnerisch (-er Tag)	անձրևային	[andzrevajín]
nieseln (vi)	մաղել	[maġél]

strömender Regen (m)	տեղատարափ անձրև	[teġatarápʰ andzrév]
Regenschauer (m)	տեղատարափ անձրև	[teġatarápʰ andzrév]
stark (-er Regen)	տարափ	[tarápʰ]
Pfütze (f)	ջրակույր	[dʒrakújt]
nass werden (vi)	թրջվել	[tʰrdʒvel]

Nebel (m)	մառախուղ	[maraχúġ]
neblig (-er Tag)	մառախլապատ	[maraχlapát]
Schnee (m)	ձյուն	[dzjun]
Es schneit	ձյուն է գալիս	[dzjún ē galís]

86. Unwetter Naturkatastrophen

Gewitter (n)	փոթորիկ	[pʰotʰorík]
Blitz (m)	կայծակ	[kajtsák]
blitzen (vi)	փայլատակել	[pʰajlatakél]

Donner (m)	որոտ	[vorót]
donnern (vi)	որոտալ	[vorotál]
Es donnert	ամպերը որոտում են	[ampérə vorotúm én]

| Hagel (m) | կարկուտ | [karkút] |
| Es hagelt | կարկուտ է գալիս | [karkút ē galís] |

| überfluten (vt) | հեղեղել | [heğeğél] |
| Überschwemmung (f) | հեղեղում | [heğeğúm] |

Erdbeben (n)	երկրաշարժ	[erkrašárʒ]
Erschütterung (f)	ցնցում	[tsʰntsʰúm]
Epizentrum (n)	էպիկենտրոն	[ēpikentrón]

| Ausbruch (m) | ժայթքում | [ʒajtʰkʰúm] |
| Lava (f) | լավա | [láva] |

Wirbelsturm (m)	մրրկասյուն	[mrrkasjún]
Tornado (m)	տորնադո	[tornádo]
Taifun (m)	տայֆուն	[tajfún]

Orkan (m)	մրրիկ	[mrrik]
Sturm (m)	փոթորիկ	[pʰotʰorík]
Tsunami (m)	ցունամի	[tsʰunámi]

Zyklon (m)	ցիկլոն	[tsʰiklón]
Unwetter (n)	վատ եղանակ	[vat eğanák]
Brand (m)	հրդեհ	[hrdeh]
Katastrophe (f)	աղետ	[ağét]
Meteorit (m)	երկնաքար	[erknakʰár]

Lawine (f)	հուսին	[husín]
Schneelawine (f)	ձնահյուս	[dznahjús]
Schneegestöber (n)	բուք	[bukʰ]
Schneesturm (m)	բորան	[borán]

T&P BOOKS

FAUNA

T&P Books Publishing

87. Säugetiere. Raubtiere

Raubtier (n)	գիշատիչ	[gišatíč]
Tiger (m)	վագր	[vagr]
Löwe (m)	առյուծ	[arjúts]
Wolf (m)	գայլ	[gajl]
Fuchs (m)	աղվես	[aġvés]
Jaguar (m)	հովազ	[hováz]
Leopard (m)	ընձառյուծ	[əndzarjúts]
Gepard (m)	շնակատու	[šnakatú]
Panther (m)	հովազ	[hováz]
Puma (m)	կուգուար	[kuguár]
Schneeleopard (m)	ձյունաճերմակ հովազ	[dzjunačermák hováz]
Luchs (m)	լուսան	[lusán]
Kojote (m)	կոյոտ	[kojót]
Schakal (m)	շնագայլ	[šnagájl]
Hyäne (f)	բորենի	[borení]

88. Tiere in freier Wildbahn

Tier (n)	կենդանի	[kendaní]
Bestie (f)	գազան	[gazán]
Eichhörnchen (n)	սկյուռ	[skjur]
Igel (m)	ոզնի	[vozní]
Hase (m)	նապաստակ	[napasták]
Kaninchen (n)	ճագար	[čagár]
Dachs (m)	փորսուղ	[pʰorsúġ]
Waschbär (m)	ջրարջ	[dʒrardʒ]
Hamster (m)	գերմանամուկ	[germanamúk]
Murmeltier (n)	արջամուկ	[ardʒamúk]
Maulwurf (m)	խլուրդ	[xlurd]
Maus (f)	մուկ	[muk]
Ratte (f)	առնետ	[arnét]
Fledermaus (f)	չղջիկ	[čġdʒik]
Hermelin (n)	կնգում	[kngum]
Zobel (m)	սամույր	[samújr]
Marder (m)	կզաքիս	[kzakʰís]

| Wiesel (n) | աքիս | [akʰís] |
| Nerz (m) | ջրաքիս | [ʤrakʰís] |

| Biber (m) | կուղբ | [kuġb] |
| Fischotter (m) | ջրասամույր | [ʤrasamújr] |

Pferd (n)	ձի	[dzi]
Elch (m)	որմզդեղն	[vormzdéġn]
Hirsch (m)	եղջերու	[eġʤerú]
Kamel (n)	ուղտ	[uġt]

Bison (m)	բիզոն	[bizón]
Wisent (m)	վայրի ցուլ	[vajrí tsʰul]
Büffel (m)	գոմեշ	[gomḗš]

Zebra (n)	զեբր	[zebr]
Antilope (f)	այծեղջերու	[ajtseġʤerú]
Reh (n)	այծյամ	[ajtsjám]
Damhirsch (m)	եղնիկ	[eġník]
Gämse (f)	քարայծ	[kʰarájts]
Wildschwein (n)	վարազ	[varáz]

Wal (m)	կետ	[ket]
Seehund (m)	փոկ	[pʰok]
Walroß (n)	ծովափիղ	[tsovapʰíġ]
Seebär (m)	ծովարջ	[tsovárʤ]
Delfin (m)	դելֆին	[delfín]

Bär (m)	արջ	[arʤ]
Eisbär (m)	սպիտակ արջ	[spiták árʤ]
Panda (m)	պանդա	[pánda]

Affe (m)	կապիկ	[kapík]
Schimpanse (m)	շիմպանզե	[šimpanzé]
Orang-Utan (m)	օրանգուտանգ	[orangutáng]
Gorilla (m)	գորիլլա	[gorílla]
Makak (m)	մակակա	[makáka]
Gibbon (m)	գիբբոն	[gibbón]

| Elefant (m) | փիղ | [pʰiġ] |
| Nashorn (n) | ռնգեղջյուր | [rngeġʤjúr] |

| Giraffe (f) | ընձուղտ | [əndzúġt] |
| Flusspferd (n) | գետաձի | [getadzí] |

| Känguru (n) | ag/u ag | [agevás] |
| Koala (m) | կոալա | [koála] |

Manguste (f)	մանգուստ	[mangúst]
Chinchilla (n)	շինշիլլա	[šinšíla]
Stinktier (n)	սկունս	[skuns]
Stachelschwein (n)	խոզուկ	[χozúk]

89. Haustiere

Katze (f)	կատու	[katú]
Kater (m)	կատու	[katú]
Hund (m)	շուն	[šun]

Pferd (n)	ձի	[dzi]
Hengst (m)	հովատակ	[hovaták]
Stute (f)	զամբիկ	[zambík]

Kuh (f)	կով	[kov]
Stier (m)	ցուլ	[tsʰul]
Ochse (m)	եզ	[ez]

Schaf (n)	ոչխար	[voči̯ár]
Widder (m)	խոյ	[i̯oj]
Ziege (f)	այծ	[ajts]
Ziegenbock (m)	այծ	[ajts]

| Esel (m) | ավանակ | [avanák] |
| Maultier (n) | ջորի | [dʒorí] |

Schwein (n)	խոզ	[i̯oz]
Ferkel (n)	գոճի	[gočí]
Kaninchen (n)	ճագար	[čagár]

| Huhn (n) | հավ | [hav] |
| Hahn (m) | աքլոր | [akʰlór] |

Ente (f)	բադ	[bad]
Enterich (m)	բադաքլոր	[badakʰlór]
Gans (f)	սագ	[sag]

| Puter (m) | հնդկահավ | [hndkaháv] |
| Pute (f) | հնդկահավ | [hndkaháv] |

Haustiere (pl)	ընտանի կենդանիներ	[əntaní kendaninér]
zahm	ձեռնասուն	[dzernasún]
zähmen (vt)	ընտելացնել	[əntelatsʰnél]
züchten (vt)	բուծել	[butsél]

Farm (f)	ֆերմա	[férma]
Geflügel (n)	ընտանի թռչուններ	[əntaní tʰrčunnér]
Vieh (n)	անասուն	[anasún]
Herde (f)	նախիր	[naχír]

Pferdestall (m)	ախոռ	[aχór]
Schweinestall (m)	խոզանոց	[χozanótsʰ]
Kuhstall (m)	գոմ	[gom]
Kaninchenstall (m)	ճագարանոց	[čagaranótsʰ]
Hühnerstall (m)	հավանոց	[havanótsʰ]

90. Vögel

Vogel (m)	թռչուն	[tʰrčun]
Taube (f)	աղավնի	[aġavní]
Spatz (m)	ճնճղուկ	[čnčǧuk]
Meise (f)	երաշտահավ	[eraštahàv]
Elster (f)	կաչաղակ	[kačaġák]
Rabe (m)	ագռավ	[agráv]
Krähe (f)	ագռավ	[agráv]
Dohle (f)	ճայակ	[čaják]
Saatkrähe (f)	սերմնագռավ	[sermnagráv]
Ente (f)	բադ	[bad]
Gans (f)	սագ	[sag]
Fasan (m)	փասիան	[pʰasián]
Adler (m)	արծիվ	[artsív]
Habicht (m)	շահեն	[šahén]
Falke (m)	բազե	[bazé]
Greif (m)	անգղ	[angġ]
Kondor (m)	պասկուճ	[paskúč]
Schwan (m)	կարապ	[karáp]
Kranich (m)	կռունկ	[krunk]
Storch (m)	արագիլ	[aragíl]
Papagei (m)	թութակ	[tʰutʰák]
Kolibri (m)	կոլիբրի	[kolíbri]
Pfau (m)	սիրամարգ	[siramárg]
Strauß (m)	ջայլամ	[dʒajlám]
Reiher (m)	ձկնկուլ	[dzknkul]
Flamingo (m)	վարդաթևիկ	[vardatʰevík]
Pelikan (m)	հավալուսն	[havalúsn]
Nachtigall (f)	սոխակ	[soχák]
Schwalbe (f)	ծիծեռնակ	[tsitsernák]
Drossel (f)	կեռնեխ	[kernéχ]
Singdrossel (f)	երգող կեռնեխ	[ergóġ kernéχ]
Amsel (f)	սև կեռնեխ	[sév kernéχ]
Segler (m)	ջրածիծառ	[dʒratsitsár]
Lerche (f)	արտույտ	[artújt]
Wachtel (f)	լոր	[lor]
Specht (m)	փայտփորիկ	[pʰajtpʰorík]
Kuckuck (m)	կկու	[kəkú]
Eule (f)	բու	[bu]
Uhu (m)	բվեճ	[bveč]

Auerhahn (m)	խլահավ	[xlaháv]
Birkhahn (m)	ցախապլոր	[tsʰaχakʰlór]
Rebhuhn (n)	կաքավ	[kakʰáv]

Star (m)	սարյակ	[sarják]
Kanarienvogel (m)	դեղձանիկ	[deǵdzaník]
Haselhuhn (n)	աքար	[akʰár]
Buchfink (m)	սերինոս	[serinós]
Gimpel (m)	խածկտիկ	[χatsktík]

Möwe (f)	ճայ	[čaj]
Albatros (m)	ալբատրոս	[albatrós]
Pinguin (m)	պինգվին	[pingvín]

91. Fische. Meerestiere

Brachse (f)	բրամ	[bram]
Karpfen (m)	գետածածան	[getatsatsán]
Barsch (m)	պերկես	[perkés]
Wels (m)	լոքո	[lokʰó]
Hecht (m)	գայլաձուկ	[gajladzúk]

| Lachs (m) | սաղման | [saǵmán] |
| Stör (m) | թառափ | [tʰarápʰ] |

Hering (m)	ծովատառեխ	[tsovataréχ]
atlantische Lachs (m)	սաղման ձուկ	[saǵmán dzuk]
Makrele (f)	թյունիկ	[tʰjuník]
Scholle (f)	տափակաձուկ	[tapʰakadzúk]

Zander (m)	շիղաձուկ	[šiǵadzúk]
Dorsch (m)	ձողաձուկ	[dzoǵadzúk]
Tunfisch (m)	թյունոս	[tʰjunnós]
Forelle (f)	իշխան	[išχán]

Aal (m)	օձաձուկ	[odzadzúk]
Zitterrochen (m)	էլեկտրավոր կատվաձուկ	[ēlektravór katvadzúk]
Muräne (f)	մուրենա	[muréna]
Piranha (m)	պիրանյա	[piránja]

Hai (m)	շնաձուկ	[šnadzúk]
Delfin (m)	դելֆին	[delfín]
Wal (m)	կետ	[ket]

Krabbe (f)	ծովախեցգետին	[tsovaχetsʰgetín]
Meduse (f)	մեդուզա	[medúza]
Krake (m)	ութոտնուկ	[utʰotnúk]

| Seestern (m) | ծովաստղ | [tsovástǵ] |
| Seeigel (m) | ծովոզնի | [tsovozní] |

Seepferdchen (n)	ծովաձի	[tsovadzí]
Auster (f)	ոստրե	[vostré]
Garnele (f)	մանր ծովախեցգետին	[mánr tsovaxetshgetín]
Hummer (m)	օմար	[omár]
Languste (f)	լանգուստ	[langúst]

92. Amphibien Reptilien

Schlange (f)	օձ	[odz]
Gift-, giftig	թունավոր	[thunavór]
Viper (f)	իժ	[iʒ]
Kobra (f)	կոբրա	[kóbra]
Python (m)	պիթոն	[pithón]
Boa (f)	վիշապօձ	[višapódz]
Ringelnatter (f)	լորտու	[lortú]
Klapperschlange (f)	խարամանի	[xaramaní]
Anakonda (f)	անակոնդա	[anakónda]
Eidechse (f)	մողես	[mogés]
Leguan (m)	իգուանա	[iguána]
Waran (m)	վարան	[varán]
Salamander (m)	սալամանդր	[salamándr]
Chamäleon (n)	քամելեոն	[khameleón]
Skorpion (m)	կարիճ	[karíč]
Schildkröte (f)	կրիա	[kriá]
Frosch (m)	գորտ	[gort]
Kröte (f)	դոդոշ	[dodóš]
Krokodil (n)	կոկորդիլոս	[kokordilós]

93. Insekten

Insekt (n)	միջատ	[midʒát]
Schmetterling (m)	թիթեռ	[thithér]
Ameise (f)	մրջուն	[mrdʒun]
Fliege (f)	ճանճ	[čanč]
Mücke (f)	մծակ	[motsák]
Käfer (m)	բզեզ	[bzez]
Wespe (f)	իշամեղու	[išameǵú]
Biene (f)	մեղու	[meǵú]
Hummel (f)	կրետ	[kret]
Bremse (f)	բոռ	[bor]
Spinne (f)	սարդ	[sard]
Spinnennetz (n)	սարդոստայն	[sardostájn]

Libelle (f)	ճպուռ	[čpur]
Grashüpfer (m)	մորեխ	[moréχ]
Schmetterling (m)	թիթեռնիկ	[tʰitʰerník]

Schabe (f)	ուտիճ	[utič]
Zecke (f)	տիզ	[tiz]
Floh (m)	լու	[lu]
Kriebelmücke (f)	մլակ	[mlak]

Heuschrecke (f)	մարախ	[maráχ]
Schnecke (f)	խխունջ	[χəχúndʒ]
Heimchen (n)	ծղրիդ	[ʦġrid]
Leuchtkäfer (m)	լուսատտիկ	[lusətitík]
Marienkäfer (m)	զատիկ	[zatík]
Maikäfer (m)	մայիսյան բզեզ	[majisján bzez]

Blutegel (m)	տզրուկ	[tzruk]
Raupe (f)	թրթուր	[tʰrtʰur]
Wurm (m)	որդ	[vord]
Larve (f)	թրթուր	[tʰrtʰur]

T&P BOOKS

FLORA

T&P Books Publishing

Baum (m)	ծառ	[tsar]
Laub-	սաղարթավոր	[sagartʰavór]
Nadel-	փշատերև	[pʰšaterév]
immergrün	մշտադալար	[mštadalár]
Apfelbaum (m)	խնձորենի	[xndzorení]
Birnbaum (m)	տանձենի	[tandzení]
Süßkirschbaum (m)	կեռասենի	[kerasení]
Sauerkirschbaum (m)	բալենի	[balení]
Pflaumenbaum (m)	սալորենի	[salorení]
Birke (f)	կեչի	[kečí]
Eiche (f)	կաղնի	[kagní]
Linde (f)	լորի	[lorí]
Espe (f)	կաղամախի	[kagamaxí]
Ahorn (m)	թխկի	[tʰxki]
Fichte (f)	եղևնի	[egevní]
Kiefer (f)	սոճի	[sočí]
Lärche (f)	կուենի	[kuení]
Tanne (f)	բրգաձև սոճի	[brgadzév sočí]
Zeder (f)	մայրի	[majrí]
Pappel (f)	բարդի	[bardí]
Vogelbeerbaum (m)	սնձենի	[sndzení]
Weide (f)	ուռենի	[urení]
Erle (f)	լաստենի	[lastení]
Buche (f)	հաճարենի	[hačarení]
Ulme (f)	ծփի	[tspʰi]
Esche (f)	հացենի	[hatsʰení]
Kastanie (f)	շագանակենի	[šaganakení]
Magnolie (f)	կղբի	[kgbi]
Palme (f)	արմավենի	[armavení]
Zypresse (f)	նոճի	[nočí]
Mangrovenbaum (m)	մանգրածառ	[mangratsár]
Baobab (m)	բաոբաբ	[baobáb]
Eukalyptus (m)	էվկալիպտ	[ēvkalípt]
Mammutbaum (m)	սեկվոյա	[sekvója]

95. Büsche

Strauch (m)	թուփ	[tʰupʰ]
Gebüsch (n)	թփուտ	[tʰpʰut]
Weinstock (m)	խաղող	[χaġóġ]
Weinberg (m)	խաղողի այգի	[χaġoġí ajgí]
Himbeerstrauch (m)	մորի	[morí]
rote Johannisbeere (f)	կարմիր հաղարջ	[karmír haġárdʒ]
Stachelbeerstrauch (m)	հաղարջ	[haġárdʒ]
Akazie (f)	ակացիա	[akátsʰia]
Berberitze (f)	ծորենի	[tsorení]
Jasmin (m)	հասմիկ	[hasmík]
Wacholder (m)	գիհի	[gihí]
Rosenstrauch (m)	վարդենի	[vardení]
Heckenrose (f)	մասուր	[masúr]

96. Obst. Beeren

Apfel (m)	խնձոր	[χndzor]
Birne (f)	տանձ	[tandz]
Pflaume (f)	սալոր	[salór]
Erdbeere (f)	ելակ	[elák]
Sauerkirsche (f)	բալ	[bal]
Süßkirsche (f)	կեռաս	[kerás]
Weintrauben (pl)	խաղող	[χaġóġ]
Himbeere (f)	մորի	[morí]
schwarze Johannisbeere (f)	սև հաղարջ	[sév haġárdʒ]
rote Johannisbeere (f)	կարմիր հաղարջ	[karmír haġárdʒ]
Stachelbeere (f)	հաղարջ	[haġárdʒ]
Moosbeere (f)	լոռամրգի	[loramrgí]
Apfelsine (f)	նարինջ	[naríndʒ]
Mandarine (f)	մանդարին	[mandarín]
Ananas (f)	արքայախնձոր	[arkʰajaχndzór]
Banane (f)	բանան	[banán]
Dattel (f)	արմավ	[armáv]
Zitrone (f)	կիտրոն	[kitrón]
Aprikose (f)	ծիրան	[tsirán]
Pfirsich (m)	դեղձ	[deġdz]
Kiwi (f)	կիվի	[kívi]
Grapefruit (f)	գրեյպֆրուտ	[grejpfrút]

Beere (f)	հատապտուղ	[hataptúg]
Beeren (pl)	հատապտուղներ	[hataptuǵnér]
Preiselbeere (f)	հապալաս	[hapalás]
Walderdbeere (f)	վայրի ելակ	[vajrí elák]
Heidelbeere (f)	հապալաս	[hapalás]

97. Blumen. Pflanzen

| Blume (f) | ծաղիկ | [tsaǵík] |
| Blumenstrauß (m) | ծաղկեփունջ | [tsaǵkepʰúndʒ] |

Rose (f)	վարդ	[vard]
Tulpe (f)	վարդակակաչ	[vardakakáč]
Nelke (f)	մեխակ	[meχák]
Gladiole (f)	թրաշուշան	[tʰrašušán]

Kornblume (f)	կապույտ տերեփուկ	[kapújt terepʰúk]
Glockenblume (f)	զանգակ	[zangák]
Löwenzahn (m)	կաթնուկ	[katʰnúk]
Kamille (f)	երիցուկ	[eritsʰúk]

Aloe (f)	ալոե	[alóe]
Kaktus (m)	կակտուս	[káktus]
Gummibaum (m)	ֆիկուս	[fíkus]

Lilie (f)	շուշան	[šušán]
Geranie (f)	խորդենի	[χordení]
Hyazinthe (f)	հակինթ	[hakíntʰ]

Mimose (f)	պատկարուկ	[patkarúk]
Narzisse (f)	նարգիզ	[nargíz]
Kapuzinerkresse (f)	ջրկոտեմ	[dʒrkotém]

Orchidee (f)	խոլորձ	[χolórdz]
Pfingstrose (f)	բաջվարդ	[kʰadʒvárd]
Veilchen (n)	մանուշակ	[manušák]

Stiefmütterchen (n)	երագույն մանուշակ	[eragújn manušák]
Vergissmeinnicht (n)	անմոռուկ	[anmorúk]
Gänseblümchen (n)	մարգարտածաղիկ	[margartatsaǵík]

Mohn (m)	կակաչ	[kakáč]
Hanf (m)	կանեփ	[kanépʰ]
Minze (f)	անանուխ	[ananúχ]

| Maiglöckchen (n) | հովտաշուշան | [hovtašušán] |
| Schneeglöckchen (n) | ձնծաղիկ | [dzntsaǵík] |

| Brennnessel (f) | եղինջ | [eǵíndʒ] |
| Sauerampfer (m) | թրթնջուկ | [tʰrtʰndʒuk] |

Seerose (f)	ջրաշուշան	[dʒrašušán]
Farn (m)	ձարխոտ	[dzarχót]
Flechte (f)	քարաքոս	[kʰarakʰós]

Gewächshaus (n)	ջերմոց	[dʒermótsʰ]
Rasen (m)	գազոն	[gazón]
Blumenbeet (n)	ծաղկաթումբ	[tsaġkatʰúmb]

Pflanze (f)	բույս	[bujs]
Gras (n)	խոտ	[χot]
Grashalm (m)	խոտիկ	[χotík]

Blatt (n)	տերև	[terév]
Blütenblatt (n)	թերթիկ	[tʰertʰík]
Stiel (m)	ցողուն	[tsʰoġún]
Knolle (f)	պալար	[palár]

| Jungpflanze (f) | ծիլ | [tsil] |
| Dorn (m) | փուշ | [pʰuš] |

blühen (vi)	ծաղկել	[tsaġkél]
welken (vi)	թոշնել	[tʰršnel]
Geruch (m)	բուրմունք	[burmúnkʰ]
abschneiden (vt)	կտրել	[ktrel]
pflücken (vt)	պոկել	[pokél]

98. Getreide, Körner

Getreide (n)	հացահատիկ	[hatsʰahatík]
Getreidepflanzen (pl)	հացահատիկային բույսեր	[hatsʰahatikajín bujsér]
Ähre (f)	հասկ	[hask]

Weizen (m)	ցորեն	[tsʰorén]
Roggen (m)	տարեկան	[tarekán]
Hafer (m)	վարսակ	[varsák]
Hirse (f)	կորեկ	[korék]
Gerste (f)	գարի	[garí]

Mais (m)	եգիպտացորեն	[egiptatsʰorén]
Reis (m)	բրինձ	[brindz]
Buchweizen (m)	հնդկացորեն	[hndkatsʰorén]

Erbse (f)	սիսեռ	[sisér]
weiße Bohne (f)	լոբի	[lobí]
Sojabohne (f)	սոյա	[sojá]
Linse (f)	ոսպ	[vosp]
Bohnen (pl)	լոբազգիներ	[lobazginér]

T&P BOOKS

LÄNDER DER WELT

T&P Books Publishing

Afghanistan	Աֆղանստան	[afganstán]
Ägypten	Եգիպտոս	[egiptós]
Albanien	Ալբանիա	[albánia]
Argentinien	Արգենտինա	[argentína]
Armenien	Հայաստան	[hajastán]
Aserbaidschan	Ադրբեջան	[adrbedʒán]
Australien	Ավստրալիա	[avstrália]
Bangladesch	Բանգլադեշ	[bangladéš]
Belgien	Բելգիա	[bélgia]
Bolivien	Բոլիվիա	[bolívia]
Bosnien und Herzegowina	Բոսնիա և Հերցեգովինա	[bósnia év hertsʰegovína]
Brasilien	Բրազիլիա	[brazília]
Bulgarien	Բուլղարիա	[bulġária]
Chile	Չիլի	[číli]
China	Չինաստան	[činastán]
Dänemark	Դանիա	[dánia]
Deutschland	Գերմանիա	[germánia]
Die Bahamas	Բահամյան կղզիներ	[bahamján kġzinér]
Die Vereinigten Staaten	Ամերիկայի Միացյալ Նահանգներ	[amerikají miatsʰjál nahangnér]
Dominikanische Republik	Դոմինիկյան հանրապետություն	[dominikján hanrapetutʰjún]
Ecuador	Էկվադոր	[ēkvadór]
England	Անգլիա	[ánglia]
Estland	Էստոնիա	[ēstónia]
Finnland	Ֆինլանդիա	[finlándia]
Frankreich	Ֆրանսիա	[fránsia]
Französisch-Polynesien	Ֆրանսիական Պոլինեզիա	[fransiakán polinézia]
Georgien	Վրաստան	[vrastán]
Ghana	Գանա	[gána]
Griechenland	Հունաստան	[hunastán]
Großbritannien	Մեծ Բրիտանիա	[mets británia]
Haiti	Հայիթի	[haitʰí]
Indien	Հնդկաստան	[hndkastán]
Indonesien	Ինդոնեզի	[indonézia]
Irak	Իրաք	[irákʰ]
Iran	Պարսկաստան	[parskastán]
Irland	Իռլանդիա	[irlándia]
Island	Իսլանդիա	[islándia]

Israel	Իսրայել	[israjél]
Italien	Իտալիա	[itália]

100. Länder. Teil 2

Jamaika	Ямайка	[jamájka]
Japan	Ճապոնիա	[čapónia]
Jordanien	Հորդանան	[hordanán]

Kambodscha	Կամպուչիա	[kampučía]
Kanada	Կանադա	[kanáda]
Kasachstan	Ղազախստան	[ġazaxstán]
Kenia	Քենիա	[kʰénia]
Kirgisien	Ղրղզստան	[ġrġzstan]
Kolumbien	Կոլումբիա	[kolúmbia]
Kroatien	Խորվատիա	[xorvátia]

Kuba	Կուբա	[kúba]
Kuwait	Քուվեյթ	[kʰuvéjtʰ]

Laos	Լաոս	[laós]
Lettland	Լատվիա	[látvia]
Libanon (m)	Լիբանան	[libanán]
Libyen	Լիբիա	[líbia]
Liechtenstein	Լիխտենշտայն	[liχtenštájn]

Litauen	Լիտվա	[litvá]
Luxemburg	Լյուքսեմբուրգ	[ljukʰsembúrg]

Madagaskar	Մադագասկար	[madagaskár]
Makedonien	Մակեդոնիա	[makedónia]
Malaysia	Մալայզիա	[malájzia]
Malta	Մալթա	[máltʰa]
Marokko	Մարոկկո	[marókko]
Mexiko	Մեքսիկա	[mékʰsika]
Moldawien	Մոլդովա	[moldóva]
Monaco	Մոնակո	[monáko]
Mongolei (f)	Մոնղոլիա	[mongólia]

Montenegro	Չեռնոգորիա	[černogória]
Myanmar	Մյանմար	[mjanmár]

Namibia	Նամիբիա	[namíbia]
Nepal	Նեպալ	[nepál]

Neuseeland	Նոր Զելանդիա	[nor zelándia]
Niederlande (f)	Նիդեռլանդներ	[niderlandnér]
Nordkorea	Հյուսիսային Կորեա	[hjusisajín koréa]
Norwegen	Նորվեգիա	[norvégia]
Österreich	Ավստրիա	[avstria]

101. Länder. Teil 3

Pakistan	Պակիստան	[pakistán]
Palästina	Պաղեստինյան ինքնավարություն	[pagestinján inknavarutʰjún]
Panama	Պանամա	[panáma]
Paraguay	Պարագվայ	[paragváj]
Peru	Պերու	[perú]
Polen	Լեհաստան	[lehastán]
Portugal	Պորտուգալիա	[portugália]
Republik Südafrika	Հարավ-Աֆրիկյան հանրապետություն	[harav afrikján hanrapetutʰjún]
Rumänien	Ռումինիա	[rumínia]
Russland	Ռուսաստան	[rusastán]
Sansibar	Զանզիբար	[zanzibár]
Saudi-Arabien	Սաուդյան Արաբիա	[saudján arábia]
Schottland	Շոտլանդիա	[šotlándia]
Schweden	Շվեդիա	[švédia]
Schweiz (f)	Շվեյցարիա	[švejtsʰária]
Senegal	Սենեգալ	[senegál]
Serbien	Սերբիա	[sérbia]
Slowakei (f)	Սլովակիա	[slovákia]
Slowenien	Սլովենիա	[slovénia]
Spanien	Իսպանիա	[ispánia]
Südkorea	Հարավային Կորեա	[haravajín koréa]
Suriname	Սուրինամ	[surinám]
Syrien	Սիրիա	[síria]
Tadschikistan	Տաջիկստան	[tadʒikstán]
Taiwan	Թայվան	[tʰajván]
Tansania	Տանզանիա	[tanzánia]
Tasmanien	Տասմանիա	[tasmánia]
Thailand	Թաիլանդ	[tʰailánd]
Tschechien	Չեխիա	[čéxia]
Tunesien	Թունիս	[tʰunís]
Türkei (f)	Թուրքիա	[tʰúrkʰia]
Turkmenistan	Թուրքմենստան	[tʰurkʰmenstán]
Ukraine (f)	Ուկրաինա	[ukraína]
Ungarn	Վենգրիա	[véngria]
Uruguay	Ուրուգվայ	[urugváj]
Usbekistan	Ուզբեկստան	[uzbekstán]
Vatikan (m)	Վատիկան	[vatikán]
Venezuela	Վենեսուելա	[venesuéla]
Vereinigten Arabischen Emirate	Միավորված Արաբական Էմիրություններ	[miavorváts arabakán ēmirutʰjunnér]
Vietnam	Վիետնամ	[vjetnám]
Weißrussland	Բելառուս	[belarús]
Zypern	Կիպրոս	[kiprós]

T&P BOOKS

GASTRONOMISCHES WÖRTERBUCH

Dieser Teil beinhaltet viele
Wörter und Begriffe im
Zusammenhang mit
Lebensmitteln.
Dieses Wörterbuch wird es
einfacher für Sie machen,
um das Menü in einem
Restaurant zu verstehen
und die richtige Speise
zu wählen

T&P Books Publishing

Deutsch-Armenisch gastronomisches wörterbuch

Deutsch	Armenisch	Transkription
Ähre (f)	հասկ	[hask]
Aal (m)	օձաձուկ	[odzadzúk]
Abendessen (n)	ընթրիք	[ənt^hrík^h]
alkoholfrei	ոչ ալկոհոլային	[voč alkoholajín]
alkoholfreies Getränk (n)	ոչ ալկոհոլային ըմպելիք	[voč alkoholajín əmpelík^h]
Ananas (f)	արքայախնձոր	[ark^hajaχndzór]
Anis (m)	անիսոն	[anisón]
Aperitif (m)	ապերիտիվ	[aperitív]
Apfel (m)	խնձոր	[χndzor]
Apfelsine (f)	նարինջ	[naríndჳ]
Appetit (m)	ախորժակ	[aχorჳák]
Aprikose (f)	ծիրան	[tsirán]
Artischocke (f)	արտիճուկ	[artičúk]
atlantische Lachs (m)	սաղման ձուկ	[saġmán dzuk]
Aubergine (f)	սմբուկ	[smbuk]
Auster (f)	ոստրէ	[vostré]
Avocado (f)	ավոկադո	[avokádo]
Banane (f)	բանան	[banán]
Bar (f)	բար	[bar]
Barmixer (m)	բարմեն	[barmén]
Barsch (m)	պերկես	[perkés]
Basilikum (n)	ռեհան	[rehán]
Beefsteak (n)	բիֆշտեքս	[bifšték^hs]
Beere (f)	հատապտուղ	[hataptúġ]
Beeren (pl)	հատապտուղներ	[hataptuġnér]
Beigeschmack (m)	կողմնակի համ	[koġmnakí ham]
Beilage (f)	գառնիր	[garnír]
belegtes Brot (n)	բրդուճ	[brduč]
Bier (n)	գարեջուր	[garedჳúr]
Birkenpilz (m)	ժանտասունկ	[ჳantasúnk]
Birne (f)	տանձ	[tandz]
bitter	դառը	[dárə]
Blumenkohl (m)	ծաղկակաղամբ	[tsaġkakaġámb]
Bohnen (pl)	լոբի	[lobí]
Bonbon (m, n)	կոնֆետ	[konfét]
Brühe (f), Bouillon (f)	մսաջուր	[msadჳúr]
Brachse (f)	բրամ	[bram]
Brei (m)	շիլա	[šilá]
Brokkoli (m)	կաղամբ բրոկոլի	[kaġámb brokóli]
Brombeere (f)	մոշ	[moš]
Brot (n)	հաց	[hats^h]
Buchweizen (m)	հնդկացորեն	[hndkats^horén]
Butter (f)	սերուցքային կարագ	[seruts^hk^hajín karág]
Buttercreme (f)	կրեմ	[krem]

Cappuccino (m)	սերուցքով սուրճ	[seruts^kʰóv surč]
Champagner (m)	շամպայն	[šampájn]
Cocktail (m)	կոկտեյլ	[koktéjl]
Dattel (f)	արմավ	[armáv]
Diät (f)	սննդակարգ	[snndakárg]
Dill (m)	սամիթ	[samítʰ]
Dorsch (m)	ձողաձուկ	[dzoġadzúk]
Dosenöffner (m)	բացիչ	[batsʰíč]
Dunkelbier (n)	մուգ գարեջուր	[múg garedʒúr]
Ei (n)	ձու	[dzu]
Eier (pl)	ձվեր	[dzver]
Eigelb (n)	դեղնուց	[deġnúts^]
Eis (f)	սառույց	[sarújts^]
Eis (n)	պաղպաղակ	[paġpaġák]
Eiweiß (n)	սպիտակուց	[spitakúts^]
Ente (f)	բադ	[bad]
Erbse (f)	սիսեռ	[sisér]
Erdbeere (f)	ելակ	[elák]
Erdnuss (f)	գետնընկույզ	[getnənkújz]
Erfrischungsgetränk (n)	զովացուցիչ ըմպելիք	[zovatsʰutsʰíč əmpelíkʰ]
essbarer Pilz (m)	ուտելու սունկ	[utelú súnk]
Essen (n)	կերակուր	[kerakúr]
Essig (m)	քացախ	[kʰatsʰáχ]
Esslöffel (m)	ճաշի գդալ	[čaši gdal]
Füllung (f)	լցոն	[lts^on]
Feige (f)	թուզ	[tʰuz]
Fett (n)	ճարպեր	[čarpér]
Fisch (m)	ձուկ	[dzuk]
Flaschenöffner (m)	բացիչ	[batsʰíč]
Fleisch (n)	միս	[mis]
Fliegenpilz (m)	ճանճասպան	[čančaspán]
Forelle (f)	իշխան	[išχán]
Frühstück (n)	նախաճաշ	[naχačáš]
frisch gepresster Saft (m)	թարմ քամված հյութ	[tʰarm kʰamváts hjutʰ]
Frucht (f)	միրգ	[mirg]
Gabel (f)	պատառաքաղ	[patarakʰáġ]
Gans (f)	սագ	[sag]
Garnele (f)	մանր ծովախեցգետին	[mánr tsovaχets^getín]
gebraten	տապակած	[tapakáts]
gekocht	եփած	[epʰáts]
Gemüse (n)	բանջարեղեն	[bandʒareġén]
geräuchert	ապխտած	[apχtáts]
Gericht (n)	ճաշատեսակ	[čašatesák]
Gerste (f)	գարի	[garí]
Geschmack (m)	համ	[ham]
Getreide (n)	հացահատիկ	[hats^ahatík]
Getreidepflanzen (pl)	հացահատիկային բույսեր	[hats^ahatikajín bujsér]
getrocknet	չորացրած	[čorats^ráts]
Gewürz (n)	համեմունք	[hamemúnkʰ]
Gewürz (n)	համեմունք	[hamemúnkʰ]
Giftpilz (m)	թունավոր սունկ	[tʰunavór sunk]
Gin (m)	ջին	[dʒin]

Grüner Knollenblätterpilz (m)	թունավոր սունկ	[tʰunavór sunk]
grüner Tee (m)	կանաչ թեյ	[kanáč tʰej]
grünes Gemüse (pl)	կանաչի	[kanačí]
Grütze (f)	ձավար	[dzavár]
Granatapfel (m)	նուռ	[nur]
Grapefruit (f)	գրեյպֆրուտ	[grejpfrút]
Gurke (f)	վարունգ	[varúng]
Guten Appetit!	Բարի ախորժա՛կ	[barí aχorʒák]
Hühnerfleisch (n)	հավ	[hav]
Hackfleisch (n)	աղացած միս	[aġatsʰáts mis]
Hafer (m)	վարսակ	[varsák]
Hai (m)	շնաձուկ	[šnadzúk]
Hamburger (m)	համբուրգեր	[hamburgér]
Hammelfleisch (n)	ոչխարի միս	[večχarí mis]
Haselnuss (f)	պնդուկ	[pnduk]
Hecht (m)	գայլաձուկ	[gajladzúk]
heiß	տաք	[takʰ]
Heidelbeere (f)	հապալաս	[hapalás]
Heilbutt (m)	վահանաձուկ	[vahanadzúk]
Helles (n)	բաց գարեջուր	[batsʰ garedʒúr]
Hering (m)	ծովատառեխ	[tsovataréχ]
Himbeere (f)	մորի	[morí]
Hirse (f)	կորեկ	[korék]
Honig (m)	մեղր	[meġr]
Ingwer (m)	իմբիր	[imbír]
Joghurt (m, f)	յոգուրտ	[jogúrt]
Käse (m)	պանիր	[panír]
Küche (f)	խոհանոց	[χohanótsʰ]
Kümmel (m)	չաման	[čamán]
Kürbis (m)	դդում	[ddum]
Kaffee (m)	սուրճ	[surč]
Kalbfleisch (n)	հորթի միս	[hortʰí mís]
Kalmar (m)	կաղամար	[kaġamár]
Kalorie (f)	կալորիա	[kalória]
kalt	սառը	[sárə]
Kaninchenfleisch (n)	ճագար	[čagár]
Karotte (f)	գազար	[gazár]
Karpfen (m)	գետածածան	[getatsatsán]
Kartoffel (f)	կարտոֆիլ	[kartofíl]
Kartoffelpüree (n)	կարտոֆիլի պյուրե	[kartofilí pjuré]
Kaugummi (m, n)	մաստակ	[masták]
Kaviar (m)	ձկնկիթ	[dzknkitʰ]
Keks (m, n)	թխվածքաբլիթ	[tʰχvatskʰablítʰ]
Kellner (m)	մատուցող	[matutsʰóg]
Kellnerin (f)	մատուցողուհի	[matutsʰoġuhí]
Kiwi, Kiwifrucht (f)	կիվի	[kívi]
Knoblauch (m)	սխտոր	[sχtor]
Kognak (m)	կոնյակ	[konják]
Kohl (m)	կաղամբ	[kaġámb]
Kohlenhydrat (n)	ածխաջրեր	[atsχadʒrér]
Kokosnuss (f)	կոկոսի ընկույզ	[kokósi ənkújz]

Kondensmilch (f)	խտացրած կաթ	[xtatsʰráts kátʰ]
Konditorwaren (pl)	հրուշակեղեն	[hrušakeġén]
Konfitüre (f)	մուրաբա	[murabá]
Konserven (pl)	պահածոներ	[pahatsonér]
Kopf Salat (m)	սալաթ	[salátʰ]
Koriander (m)	գինձ	[gindz]
Korkenzieher (m)	խցանահան	[xtsʰanahán]
Krümel (m)	փշուր	[pʰšur]
Krabbe (f)	ծովախեցգետին	[tsovaxetsʰgetín]
Kuchen (m)	հրուշակ	[hrušák]
Kuchen (m)	կարկանդակ	[karkandák]
Löffel (m)	գդալ	[gdal]
Lachs (m)	սաղման	[saġmán]
Languste (f)	լանգուստ	[langúst]
Leber (f)	լյարդ	[ljard]
lecker	համեղ	[haméġ]
Likör (m)	լիկյոր	[likjor]
Limonade (f)	լիմոնադ	[limonád]
Linse (f)	ոսպ	[vosp]
Lorbeerblatt (n)	դափնու տերև	[dapʰnú terév]
Mais (m)	եգիպտացորեն	[egiptatsʰorén]
Mais (m)	եգիպտացորեն	[egiptatsʰorén]
Maisflocken (pl)	եգիպտացորենի փաթիլներ	[egiptatsʰoreni pʰatʰilnér]
Makrele (f)	թյունիկ	[tʰjuník]
Mandarine (f)	մանդարին	[mandarín]
Mandel (f)	նուշ	[nuš]
Mango (f)	մանգո	[mángo]
Margarine (f)	մարգարին	[margarín]
mariniert	մարինացված	[marinatsʰváts]
Marmelade (f)	ջեմ	[dʒem]
Marmelade (f)	մարմելադ	[marmelád]
Mayonnaise (f)	մայոնեզ	[majonéz]
Meeresfrüchte (pl)	ծovaմթերքներ	[tsovamtʰerkʰnér]
Meerrettich (m)	ծովաբողկ	[tsovabóġk]
Mehl (n)	ալյուր	[aljúr]
Melone (f)	սեխ	[sex]
Messer (n)	դանակ	[danák]
Milch (f)	կաթ	[katʰ]
Milchcocktail (m)	կաթնային կոկտեյլ	[katʰnajín koktéjl]
Milchkaffee (m)	կաթով սուրճ	[katʰóv súrč]
Mineralwasser (n)	հանքային ջուր	[hankʰajín dʒúr]
mit Eis	սառույցով	[sarutsʰóv]
mit Gas	գազով	[gazóv]
mit Kohlensäure	գազավորված	[gazavorváts]
Mittagessen (n)	ճաշ	[čaš]
Moosbeere (f)	լոռամրգի	[loramrgí]
Morchel (f)	մորխ	[morx]
Nachtisch (m)	աղանդեր	[aġandér]
Nelke (f)	մեխակ	[mexák]
Nudeln (pl)	լափշա	[lapʰšá]
Oliven (pl)	ձեյթուն	[zeytún]

Olivenöl (n)	ձիթապտղի ձեթ	[dzitʰaptɡí dzetʰ]
Omelett (n)	ձվածեղ	[dzvatséǵ]
Orangensaft (m)	նարնջի հյութ	[narndʒí hjutʰ]
Papaya (f)	պապայա	[papája]
Paprika (m)	պղպեղ	[pǵpeǵ]
Paprika (m)	պապրիկա	[páprika]
Pastete (f)	պաշտետ	[paštét]
Petersilie (f)	մաղադանոս	[maǵadanós]
Pfifferling (m)	ձվասունկ	[dzvasúnk]
Pfirsich (m)	դեղձ	[deǵdz]
Pflanzenöl (n)	բուսական յուղ	[busakán júǵ]
Pflaume (f)	սալոր	[salór]
Pilz (m)	սունկ	[sunk]
Pistazien (pl)	պիստակ	[piták]
Pizza (f)	պիցցա	[pítsʰa]
Portion (f)	բաժին	[baʒín]
Preiselbeere (f)	հապալաս	[hapalás]
Protein (n)	սպիտակուցներ	[spitakutsʰnér]
Pulverkaffee (m)	լուծվող սուրճ	[lutsvóǵ súrč]
Pute (f)	հնդկահավ	[hndkaháv]
Räucherschinken (m)	ազդր	[azdr]
Rübe (f)	շաղգամ	[šaǵgám]
Radieschen (n)	բողկ	[boǵk]
Rechnung (f)	հաշիվ	[hašív]
Reis (m)	բրինձ	[brindz]
Rezept (n)	բաղադրատոմս	[baǵadratóms]
Rindfleisch (n)	տավարի միս	[tavarí mis]
Roggen (m)	տարեկան	[tarekán]
Rosenkohl (m)	բրյուսելյան կաղամբ	[brjuselján kaǵámb]
Rosinen (pl)	չամիչ	[čamíč]
Rote Bete (f)	բազուկ	[bazúk]
rote Johannisbeere (f)	կարմիր հաղարջ	[karmír haǵárdʒ]
roter Pfeffer (m)	կարմիր պղպեղ	[karmír pǵpéǵ]
Rotkappe (f)	կարմրագլուխ սունկ	[karmraglúχ súnk]
Rotwein (m)	կարմիր գինի	[karmír giní]
Rum (m)	ռոմ	[rom]
süß	քաղցր	[kʰaǵtsʰr]
Süßkirsche (f)	կեռաս	[kerás]
Safran (m)	շաֆրան	[šafrán]
Saft (m)	հյութ	[hjutʰ]
Sahne (f)	սերուցք	[serútsʰkʰ]
Salat (m)	աղցան	[aǵtsʰán]
Salz (n)	աղ	[aǵ]
salzig	աղի	[aǵí]
Sardine (f)	սարդինա	[sardína]
Sauerkirsche (f)	բալ	[bal]
saure Sahne (f)	թթվասեր	[tʰtʰvasér]
Schale (f)	կլեպ	[klep]
Scheibchen (n)	պատառ	[patár]
Schinken (m)	խոզապուխտ	[χozapúχt]
Schinkenspeck (m)	բեկոն	[bekón]
Schokolade (f)	շոկոլադ	[šokolád]

Schokoladen-	շոկոլադե	[šokoladé]
Scholle (f)	տափակաձուկ	[tapʰakadzúk]
schwarze Johannisbeere (f)	սև հաղարջ	[sév haǵárdʒ]
schwarzer Kaffee (m)	սև սուրճ	[sev surč]
schwarzer Pfeffer (m)	սև պղպեղ	[sev pǵpég]
schwarzer Tee (m)	սև թեյ	[sev tʰej]
Schweinefleisch (n)	խոզի միս	[χozí mis]
Sellerie (m)	նեխուր	[neχúr]
Senf (m)	մանանեխ	[mananéχ]
Sesam (m)	քնջութ	[kʰndʒutʰ]
Soße (f)	սոուս	[soús]
Sojabohne (f)	սոյա	[sojá]
Sonnenblumenöl (n)	արևածաղկի ձեթ	[arevatsaǵkí dzetʰ]
Spaghetti (pl)	սպագետի	[spagétti]
Spargel (m)	ծնեբեկ	[tsnebék]
Speisekarte (f)	մենյու	[menjú]
Spiegelei (n)	ձվածեղ	[dzvatségʼ]
Spinat (m)	սպինատ	[spinát]
Spirituosen (pl)	ալկոհոլային խմիչքներ	[alkoholajín χmičkʰnér]
Störfleisch (n)	թառափ	[tʰarápʰ]
Stück (n)	կտոր	[ktor]
Stachelbeere (f)	հաղարջ	[haǵárdʒ]
Steinpilz (m)	սպիտակ սունկ	[spiták súnk]
still	առանց գազի	[ɑ́ránʦʰ gazí]
Suppe (f)	ապուր	[apúr]
Täubling (m)	դառնամատիտեղ	[darnamatitégʼ]
Tasse (f)	բաժակ	[baʒák]
Tee (m)	թեյ	[tʰej]
Teelöffel (m)	թեյի գդալ	[tʰeji gdal]
Teigwaren (pl)	մակարոն	[makarón]
Teller (m)	ափսե	[apʰsé]
tiefgekühlt	սառեցված	[saretsʰváts]
Tomate (f)	լոլիկ	[lolík]
Tomatensaft (m)	տոմատի հյութ	[tomatí hjútʰ]
Torte (f)	տորթ	[tortʰ]
Trinkgeld (n)	թեյավճար	[tʰejapʰóǵ]
Trinkwasser (n)	խմելու ջուր	[χmelú dʒur]
Tunfisch (m)	թյունոս	[tʰjunnós]
Untertasse (f)	պնակ	[pnak]
Vegetarier (m)	բուսակեր	[busakér]
vegetarisch	բուսակերական	[busakerakán]
Vitamin (n)	վիտամին	[vitamín]
Vorspeise (f)	խորտիկ	[χortík]
Würstchen (n)	նրբերշիկ	[nrberšík]
Waffeln (pl)	վաֆլի	[vaflí]
Walderdbeere (f)	վայրի ելակ	[vajrí elák]
Walnuss (f)	ընկույզ	[ənkújz]
Wasser (n)	ջուր	[dʒur]
Wasserglas (n)	բաժակ	[baʒák]
Wassermelone (f)	ձմերուկ	[dzmerúk]
weiße Bohne (f)	լոբի	[lobí]

Weißwein (m)	սպիտակ գինի	[spiták giní]
Wein (m)	գինի	[giní]
Weinglas (n)	գավաթ	[gaváth]
Weinkarte (f)	գինիների գրացանկ	[gininerí gratshánk]
Weintrauben (pl)	խաղող	[χaģóģ]
Weizen (m)	ցորեն	[tshorén]
Wels (m)	լոքո	[lokhó]
Wermut (m)	վերմուտ	[vérmut]
Whisky (m)	վիսկի	[víski]
Wild (n)	որսամիս	[vorsamís]
Wodka (m)	օղի	[oģí]
Wurst (f)	երշիկ	[eršík]
Zahnstocher (m)	ատամնափորիչ	[atamnaphoríč]
Zander (m)	շիղածուկ	[šiģadzúk]
Zimt (m)	դարչին	[darčín]
Zitrone (f)	կիտրոն	[kitrón]
Zucchini (f)	դդմիկ	[ddmik]
Zucker (m)	շաքար	[šakhár]
Zunge (f)	լեզու	[lezú]
Zwiebel (f)	սոխ	[soχ]

Բարի ախորժա՛կ	[barí aχorʒák]	Guten Appetit!
ազդր	[azdr]	Räucherschinken (m)
ալկոհոլային խմիչքներ	[alkoholajín χmičkʰnér]	Spirituosen (pl)
ալյուր	[aljúr]	Mehl (n)
ախորժակ	[aχorʒák]	Appetit (m)
ածխաջրեր	[atsχadʒrér]	Kohlenhydrat (n)
աղ	[aġ]	Salz (n)
աղանդեր	[aġandér]	Nachtisch (m)
աղացած միս	[aġatsʰáts mis]	Hackfleisch (n)
աղի	[aġí]	salzig
աղցան	[aġtsʰán]	Salat (m)
անիսոն	[anisón]	Anis (m)
ապերիտիվ	[aperitív]	Aperitif (m)
ապխտած	[apχtáts]	geräuchert
ապուր	[apúr]	Suppe (f)
առանց գազի	[aránts gazí]	still
ավոկադո	[avokádo]	Avocado (f)
ատամնափորիչ	[atamnapʰoríč]	Zahnstocher (m)
արմավ	[armáv]	Dattel (f)
արտիճուկ	[artičúk]	Artischocke (f)
արքայախնձոր	[arkʰajaχndzór]	Ananas (f)
արևածաղկի ձեթ	[arevatsaġkí dzetʰ]	Sonnenblumenöl (n)
ափսե	[apʰsé]	Teller (m)
բադ	[bad]	Ente (f)
բազուկ	[bazúk]	Rote Bete (f)
բաժակ	[baʒák]	Wasserglas (n)
բաժակ	[baʒák]	Tasse (f)
բաժին	[baʒín]	Portion (f)
բալ	[bal]	Sauerkirsche (f)
բաղադրատոմս	[baġadratóms]	Rezept (n)
բանան	[banán]	Banane (f)
բանջարեղեն	[bandʒareġén]	Gemüse (n)
բար	[bar]	Bar (f)
բարմեն	[barmén]	Barmixer (m)
բաց գարեջուր	[batsʰ garedʒúr]	Helles (n)
բացիչ	[batsʰíč]	Flaschenöffner (m)
բացիչ	[batsʰíč]	Dosenöffner (m)
բեկոն	[bekón]	Schinkenspeck (m)
բիֆշտեքս	[bifštékʰs]	Beefsteak (n)
բողկ	[boġk]	Radieschen (n)
բուսական յուղ	[busakán júġ]	Pflanzenöl (n)
բուսակեր	[busakér]	Vegetarier (m)
բուսակերական	[busakerakán]	vegetarisch
բրամ	[bram]	Brachse (f)

բրդուճ	[brdučʰ]	belegtes Brot (n)
բրինձ	[brindz]	Reis (m)
բրյուսելյան կաղամբ	[brjuselján kaǵámb]	Rosenkohl (m)
գազավորված	[gazavorváts]	mit Kohlensäure
գազար	[gazár]	Karotte (f)
գազով	[gazóv]	mit Gas
գայլաձուկ	[gajladzúk]	Hecht (m)
գառնիր	[garnír]	Beilage (f)
գավաթ	[gavátʰ]	Weinglas (n)
գարեջուր	[garedzúr]	Bier (n)
գարի	[garí]	Gerste (f)
գդալ	[gdal]	Löffel (m)
գետնածածան	[getatsatsán]	Karpfen (m)
գետնընկույզ	[getnənkújz]	Erdnuss (f)
գինի	[giní]	Wein (m)
գինիների գրացանկ	[gininerí gratsʰánk]	Weinkarte (f)
գինձ	[gindz]	Koriander (m)
գրեյպֆրուտ	[grejpfrút]	Grapefruit (f)
դանակ	[danák]	Messer (n)
դառը	[dárə]	bitter
դառնամատիտեղ	[darnamatitéǵ]	Täubling (m)
դարչին	[darčín]	Zimt (m)
դափնու տերև	[dapʰnú terév]	Lorbeerblatt (n)
դդմիկ	[ddmik]	Zucchini (f)
դդում	[ddum]	Kürbis (m)
դեղձ	[deǵdz]	Pfirsich (m)
դեղնուց	[deǵnútsʰ]	Eigelb (n)
եգիպտացորեն	[egiptatsʰorén]	Mais (m)
եգիպտացորեն	[egiptatsʰorén]	Mais (m)
եգիպտացորենի փաթիլներ	[egiptatsʰoreni pʰatʰilnér]	Maisflocken (pl)
ելակ	[elák]	Erdbeere (f)
երշիկ	[eršík]	Wurst (f)
եփած	[epʰáts]	gekocht
զեյթուն	[zeytún]	Oliven (pl)
զովացուցիչ ըմպելիք	[zovatsʰutsʰíč əmpelíkʰ]	Erfrischungsgetränk (n)
ընթրիք	[əntʰríkʰ]	Abendessen (n)
ընկույզ	[ənkújz]	Walnuss (f)
թառափ	[tʰarápʰ]	Störfleisch (n)
թարմ քամված հյութ	[tʰarm kʰamváts hjutʰ]	frisch gepresster Saft (m)
թեյ	[tʰej]	Tee (m)
թեյափող	[tʰejapʰóǵ]	Trinkgeld (n)
թեյի գդալ	[tʰeji gdal]	Teelöffel (m)
թթվասեր	[tʰtʰvasér]	saure Sahne (f)
թխվածքաբլիթ	[tʰχvatskʰablítʰ]	Keks (m, n)
թյունիկ	[tʰjuník]	Makrele (f)
թյունոս	[tʰjunnós]	Tunfisch (m)
թուզ	[tʰuz]	Feige (f)
թունավոր սունկ	[tʰunavór sunk]	Giftpilz (m)
թունավոր սունկ	[tʰunavór sunk]	Grüner Knollenblätterpilz (m)
ժանտասունկ	[ʒantasúnk]	Birkenpilz (m)

ինբիր	[imbír]	Ingwer (m)
իշխան	[išχán]	Forelle (f)
լանգուստ	[langúst]	Languste (f)
լափշա	[lapʰšá]	Nudeln (pl)
լեզու	[lezú]	Zunge (f)
լիկյոր	[likjor]	Likör (m)
լիմնադ	[limonád]	Limonade (f)
լյարդ	[ljard]	Leber (f)
լոբի	[lobí]	Bohnen (pl)
լոբի	[lobí]	weiße Bohne (f)
լոլիկ	[lolík]	Tomate (f)
լոռամրգի	[loramrgí]	Moosbeere (f)
լուծվող սուրճ	[lutsvóg súrč]	Pulverkaffee (m)
լոքո	[lokʰó]	Wels (m)
լցոն	[ltsʰon]	Füllung (f)
խաղող	[χaɣóɣ]	Weintrauben (pl)
խմելու ջուր	[χmelú dʒur]	Trinkwasser (n)
խնձոր	[χndzor]	Apfel (m)
խոզապուխտ	[χozapúχt]	Schinken (m)
խոզի միս	[χozí mis]	Schweinefleisch (n)
խոհանոց	[χohanótsʰ]	Küche (f)
խորտիկ	[χortík]	Vorspeise (f)
խտացրած կաթ	[χtatsʰráts kátʰ]	Kondensmilch (f)
խցանահան	[χtsʰanahán]	Korkenzieher (m)
ծաղկակաղամբ	[tsaɣkakaɣámb]	Blumenkohl (m)
ծիրան	[tsirán]	Aprikose (f)
ծնեբեկ	[tsnebék]	Spargel (m)
ծովաբողկ	[tsovabóɣk]	Meerrettich (m)
ծովախեցգետին	[tsovaχetsʰgetín]	Krabbe (f)
ծովամթերքներ	[tsovamtʰerkʰnér]	Meeresfrüchte (pl)
ծովատառեխ	[tsovataréχ]	Hering (m)
կաթ	[katʰ]	Milch (f)
կաթնային կոկտեյլ	[katʰnajín koktéjl]	Milchcocktail (m)
կաթով սուրճ	[katʰóv súrč]	Milchkaffee (m)
կալորիա	[kalória]	Kalorie (f)
կաղամար	[kaɣamár]	Kalmar (m)
կաղամբ	[kaɣámb]	Kohl (m)
կաղամբ բրոկոլի	[kaɣámb brokóli]	Brokkoli (m)
կանաչ թեյ	[kanáč tʰej]	grüner Tee (m)
կանաչի	[kanačí]	grünes Gemüse (pl)
կարկանդակ	[karkandák]	Kuchen (m)
կարմիր գինի	[karmír giní]	Rotwein (m)
կարմիր հաղարջ	[karmír haɣárdʒ]	rote Johannisbeere (f)
կարմիր պղպեղ	[karmír pɣpéɣ]	roter Pfeffer (m)
կարմրագլուխ սունկ	[karmraglúχ súnk]	Rotkappe (f)
կարտոֆիլ	[kartofíl]	Kartoffel (f)
կարտոֆիլի պյուրե	[kartofílí pjuré]	Kartoffelpüree (n)
կեռաս	[kerás]	Süßkirsche (f)
կերակուր	[kerakúr]	Essen (n)
կիվի	[kívi]	Kiwi, Kiwifrucht (f)
կիտրոն	[kitrón]	Zitrone (f)
կլեպ	[klep]	Schale (f)

կոկոսի ընկույզ	[kokósi ənkújz]	Kokosnuss (f)
կոկտեյլ	[koktéjl]	Cocktail (m)
կողմնակի համ	[koǵmnakí ham]	Beigeschmack (m)
կոնյակ	[konják]	Kognak (m)
կոնֆետ	[konfét]	Bonbon (m, n)
կորեկ	[korék]	Hirse (f)
կտոր	[ktor]	Stück (n)
կրեմ	[krem]	Buttercreme (f)
հաղարջ	[haǵárdʒ]	Stachelbeere (f)
համ	[ham]	Geschmack (m)
համբուրգեր	[hamburgér]	Hamburger (m)
համեղ	[haméǵ]	lecker
համեմունք	[hamemúnkʰ]	Gewürz (n)
համեմունք	[hamemúnkʰ]	Gewürz (n)
հանքային ջուր	[hankʰajín dʒúr]	Mineralwasser (n)
հաշիվ	[hašív]	Rechnung (f)
հապալաս	[hapalás]	Heidelbeere (f)
հապալաս	[hapalás]	Preiselbeere (f)
հասկ	[hask]	Ähre (f)
հավ	[hav]	Hühnerfleisch (n)
հատապտուղ	[hataptúǵ]	Beere (f)
հատապտուղներ	[hataptuǵnér]	Beeren (pl)
հաց	[hatsʰ]	Brot (n)
հացահատիկ	[hatsʰahatík]	Getreide (n)
հացահատիկային բույսեր	[hatsʰahatikajín bujsér]	Getreidepflanzen (pl)
հյութ	[hjutʰ]	Saft (m)
հնդկահավ	[hndkaháv]	Pute (f)
հնդկացորեն	[hndkatsʰorén]	Buchweizen (m)
հորթի միս	[hortʰí mís]	Kalbfleisch (n)
հրուշակ	[hrušák]	Kuchen (m)
հրուշակեղեն	[hrušakeǵén]	Konditorwaren (pl)
ձավար	[dzavár]	Grütze (f)
ձիթապտղի ձեթ	[dzitʰaptǵí dzetʰ]	Olivenöl (n)
ձկնկիթ	[dzknkitʰ]	Kaviar (m)
ձմերուկ	[dzmerúk]	Wassermelone (f)
ձողաձուկ	[dzoǵadzúk]	Dorsch (m)
ձու	[dzu]	Ei (n)
ձուկ	[dzuk]	Fisch (m)
ձվածեղ	[dzvatséǵ]	Spiegelei (n)
ձվածեղ	[dzvatséǵ]	Omelett (n)
ձվասունկ	[dzvasúnk]	Pfifferling (m)
ձվեր	[dzver]	Eier (pl)
ճագար	[čagár]	Kaninchenfleisch (n)
ճանճասպան	[čančaspán]	Fliegenpilz (m)
ճաշ	[čaš]	Mittagessen (n)
ճաշատեսակ	[čašatesák]	Gericht (n)
ճաշի գդալ	[čaši gdal]	Esslöffel (m)
ճարպեր	[čarpér]	Fett (n)
մակարոն	[makarón]	Teigwaren (pl)
մաղադանոս	[maǵadanós]	Petersilie (f)
մայոնեզ	[majonéz]	Mayonnaise (f)
մանանեխ	[mananéχ]	Senf (m)

մանգո	[mángo]	Mango (f)
մանդարին	[mandarín]	Mandarine (f)
մանր ծովախեցգետին	[mánr tsovaxetsʰgetín]	Garnele (f)
մաստակ	[masták]	Kaugummi (m, n)
մատուցող	[matutsʰóg]	Kellner (m)
մատուցողուհի	[matutsʰoguhí]	Kellnerin (f)
մարգարին	[margarín]	Margarine (f)
մարինացված	[marinatsʰváts]	mariniert
մարմելադ	[marmelád]	Marmelade (f)
մեխակ	[mexák]	Nelke (f)
մեղր	[megr]	Honig (m)
մենյու	[menjú]	Speisekarte (f)
միս	[mis]	Fleisch (n)
միրգ	[mirg]	Frucht (f)
մոշ	[moš]	Brombeere (f)
մորի	[morí]	Himbeere (f)
մորխ	[morχ]	Morchel (f)
մուգ գարեջուր	[múg garedʒúr]	Dunkelbier (n)
մուրաբա	[murabá]	Konfitüre (f)
մսաջուր	[msadʒúr]	Brühe (f), Bouillon (f)
յոգուրտ	[jogúrt]	Joghurt (m, f)
նախաճաշ	[naχačáš]	Frühstück (n)
նարինջ	[naríndʒ]	Apfelsine (f)
նարնջի հյութ	[narndʒí hjutʰ]	Orangensaft (m)
նեխուր	[neχúr]	Sellerie (m)
նուշ	[nuš]	Mandel (f)
նուռ	[nur]	Granatapfel (m)
նրբերշիկ	[nrberšík]	Würstchen (n)
շաղգամ	[šaggám]	Rübe (f)
շամպայն	[šampájn]	Champagner (m)
շաքար	[šakʰár]	Zucker (m)
շաֆրան	[šafrán]	Safran (m)
շիլա	[šilá]	Brei (m)
շիղաձուկ	[šigadzúk]	Zander (m)
շնաձուկ	[šnadzúk]	Hai (m)
շոկոլադ	[šokolád]	Schokolade (f)
շոկոլադե	[šokoladé]	Schokoladen-
ոչ ալկոհոլային	[voč alkoholajín]	alkoholfrei
ոչ ալկոհոլային ըմպելիք	[voč alkoholajín əmpelíkʰ]	alkoholfreies Getränk (n)
ոչխարի միս	[vočχarí mis]	Hammelfleisch (n)
ոսպ	[vosp]	Linse (f)
ոստրե	[vostré]	Auster (f)
որսամիս	[vorsamís]	Wild (n)
ուտելու սունկ	[utelú súnk]	essbarer Pilz (m)
չաման	[čamán]	Kümmel (m)
չամիչ	[čamíč]	Rosinen (pl)
չորացրած	[čoratsʰráts]	getrocknet
պահածոներ	[pahatsonér]	Konserven (pl)
պաղպաղակ	[pagpagák]	Eis (n)
պանիր	[panír]	Käse (m)
պաշտետ	[paštét]	Pastete (f)
պապայա	[papája]	Papaya (f)

պապրիկա	[páprika]	Paprika (m)
պատառ	[patár]	Scheibchen (n)
պատառաքաղ	[patarakʰág]	Gabel (f)
պերկես	[perkés]	Barsch (m)
պիստակ	[pisták]	Pistazien (pl)
պիցցա	[pítsʰa]	Pizza (f)
պղպեղ	[pġpeġ]	Paprika (m)
պնակ	[pnak]	Untertasse (f)
պնդուկ	[pnduk]	Haselnuss (f)
ջեմ	[dʒem]	Marmelade (f)
ջին	[dʒin]	Gin (m)
ջուր	[dʒur]	Wasser (n)
ռեհան	[rehán]	Basilikum (n)
ռոմ	[rom]	Rum (m)
սագ	[sag]	Gans (f)
սալաթ	[salátʰ]	Kopf Salat (m)
սալոր	[salór]	Pflaume (f)
սաղմոն	[saġmán]	Lachs (m)
սաղմոն ձուկ	[saġmán dzuk]	atlantische Lachs (m)
սամիթ	[samítʰ]	Dill (m)
սառեցված	[saretsʰváts]	tiefgekühlt
սառը	[sárə]	kalt
սառույց	[sarújtsʰ]	Eis (n)
սառույցով	[sarutsʰóv]	mit Eis
սարդինա	[sardína]	Sardine (f)
սեխ	[sex]	Melone (f)
սերուցք	[serútsʰkʰ]	Sahne (f)
սերուցքային կարագ	[serutsʰkʰajín karág]	Butter (f)
սերուցքով սուրճ	[serutsʰkʰóv surč]	Cappuccino (m)
սիսեռ	[sisér]	Erbse (f)
սխտոր	[sxtor]	Knoblauch (m)
սմբուկ	[smbuk]	Aubergine (f)
սննդակարգ	[snndakárg]	Diät (f)
սոխ	[sox]	Zwiebel (f)
սոյա	[sojá]	Sojabohne (f)
սոուս	[soús]	Soße (f)
սունկ	[sunk]	Pilz (m)
սուրճ	[surč]	Kaffee (m)
սպագետի	[spagétti]	Spaghetti (pl)
սպինատ	[spinát]	Spinat (m)
սպիտակ գինի	[spiták giní]	Weißwein (m)
սպիտակ սունկ	[spiták súnk]	Steinpilz (m)
սպիտակուց	[spitakútsʰ]	Eiweiß (n)
սպիտակուցներ	[spitakutsʰnér]	Protein (n)
սև թեյ	[sev tʰej]	schwarzer Tee (m)
սև հաղարջ	[sév haġárdʒ]	schwarze Johannisbeere (f)
սև պղպեղ	[sev pġpéġ]	schwarzer Pfeffer (m)
սև սուրճ	[sev surč]	schwarzer Kaffee (m)
վահանաձուկ	[vahanadzúk]	Heilbutt (m)
վայրի ելակ	[vajrí elák]	Walderdbeere (f)
վարունգ	[varúng]	Gurke (f)

վարսակ	[varsák]	Hafer (m)
վաֆլի	[vaflí]	Waffeln (pl)
վերմուտ	[vérmut]	Wermut (m)
վիսկի	[víski]	Whisky (m)
վիտամին	[vitamín]	Vitamin (n)
տանձ	[tandz]	Birne (f)
տապակած	[tapakáts]	gebraten
տավարի միս	[tavarí mis]	Rindfleisch (n)
տարեկան	[tarekán]	Roggen (m)
տափակաձուկ	[tapʰakadzúk]	Scholle (f)
տաք	[takʰ]	heiß
տոմատի հյութ	[tomatí hjútʰ]	Tomatensaft (m)
տորթ	[tortʰ]	Torte (f)
ցորեն	[tsʰorén]	Weizen (m)
փշուր	[pʰšur]	Krümel (m)
քաղցր	[kʰaǵtsʰr]	süß
քացախ	[kʰatsʰáχ]	Essig (m)
քնջութ	[kʰndʒutʰ]	Sesam (m)
օձաձուկ	[odzadzúk]	Aal (m)
օղի	[oǵí]	Wodka (m)

www.ingramcontent.com/pod-product-compliance
Lightning Source LLC
LaVergne TN
LVHW051301080426
835509LV00020B/3087